本书为广西壮族自治区文化和旅游厅、广西壮族自治区文物局

“防城港市潭蓬运河、洲尾遗址调查、试掘与研究”项目成果

洲尾贸易场：
汉代以后北部湾海上丝绸之路变迁与延续的历史见证

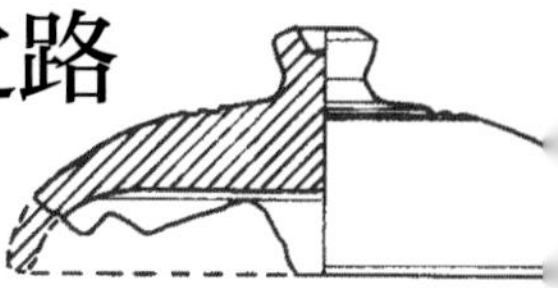

何守强　著

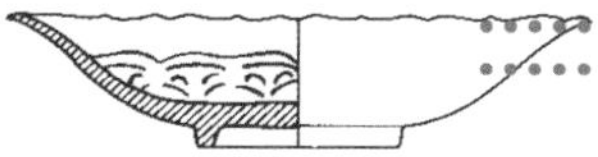

漓江出版社

本书从作者亲历的考古调查出发，对北部湾沿岸企沙半岛上的洲尾遗址进行文物、遗迹的考察，结合自然条件、历史背景、文献资料及周边历史文化遗存等开展综合分析，认为洲尾遗址曾为古代沿海贸易场，其见证了汉代以后北部湾海上丝绸之路的变迁与延续。

本书展示了洲尾遗址出土的重点文物标本，在对文物标本进行描述、分析的基础上，论述洲尾贸易场的起止年代、贸易商品、贸易线路、贸易规模及其性质，所用资料为近年考古调查新获得的原始、一手资料，研究上坚持微观与宏观、个体与整体、文物与文献等多方互证的原则。可以说，本书既是全面、系统介绍洲尾遗址的最新研究成果，也是促进广西北部湾沿海贸易场相关研究与交流的基础之作。

何守强 男，壮族，1982 年 10 月出生，广西田林人，副研究馆员，广西民族大学硕士研究生导师。现任防城港市博物馆馆长、中国海外交通史研究会理事、广西壮学学会理事、何守强边海文化研究工作室领衔人，主要从事防城港历史、民俗和唐宋时期及以后北部湾地区海上丝绸之路等领域研究。独著、主编有《潭蓬运河研究》《防城港传统民居》《防城港水下考古陆地调查研究》等书，先后在省级以上刊物发表学术论文近 20 篇。

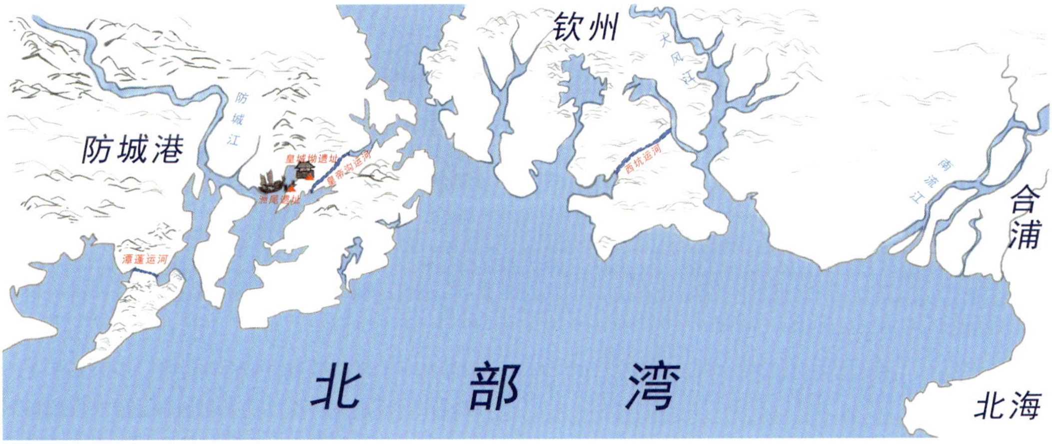

洲尾遗址及周边遗址分布图

洲尾遗址代表性出土文物

铜权

遇林亭窑黑釉金彩盏

越南青瓷碗

2019 年 12 月 6 日，洲尾遗址考古调查座谈会召开，国家文物局水下文化遗产保护中心、北京大学、福建博物院、广西文物保护与考古研究所等单位领导、专家参会

广西文物保护与考古研究所副所长韦革研究馆员（上图左三，下图右二）指导田野调查

广西壮族自治区博物馆、广西文物保护与考古研究所专家就洲尾遗址出土标本的整理工作进行指导

2019年11月1日，正在合浦海域执行水下调查任务的以国家文物局水下文化遗产保护中心牵头，由浙江、福建、广东、广西等省区专家组成的联合调查队到洲尾遗址进行调研并指导相关标本整理工作

本书作者及团队成员于 2018—2020 年组织开展田野调查

防城港市博物馆工作人员在整理洲尾遗址出土物品

2019 年 10 月 25 日，本书作者在越南北宁省万安社当舍窑参观、做调查

目录

绪论 001

第一章 洲尾遗址的调查与发现

第一节 基本情况 006

第二节 洲尾遗址的遗物、遗迹 008

一、征集到的文物 009

二、对洲尾遗址的调查采集与试掘发现 025

第二章 洲尾贸易场的提出

第一节 出土遗物、遗迹信息 156
一、出土瓷器信息 157
二、出土金属器信息 158
三、出土建筑、道路等遗迹信息 159
第二节 历史条件与依据 161
一、唐宋时期广西沿海口岸的兴起 162
二、多个沿海贸易场所的出现 166
第三节 周边相关遗迹印证 172
一、唐代北部湾运河体系 173
二、皇城坳遗址 196

第三章 基于现有遗存的相关认识

第一节 贸易场的时代起止与发展历程 206
一、洲尾遗址出土陶瓷器体现的时代信息 207
二、出土钱币体现的时代信息 215
三、其他能够体现洲尾贸易场时代信息的要素 216
第二节 贸易商品与贸易线路 217
一、贸易商品 218
二、贸易线路 220
第三节 洲尾贸易场的性质问题 233
一、跨国性 234
二、跨区域性 234

后记 241

洲尾遗址俯瞰图

绪　论

作为名不见经传的“小地方”，洲尾确实鲜为人知。即便是土生土长的防城港人，谈及本土的历史遗址，几乎也没有人会联想到洲尾。20世纪90年代以后，虽然不时有洲尾出土了文物的传闻，但消息总是在飘忽不定与若隐若现中很快沉寂。在2007—2011年开展的第三次全国文物普查中，我们也没有收到相关线索信息，与之“失之交臂”。而后，随着防城港市博物馆接待上级单位文博专家，特别是陶瓷领域文博专家调研活动的增多，洲尾遗址逐步走进我们的视线范围。起初，由于洲尾遗址地表散布着较为丰富的陶瓷器残片和形似匣钵的陶钵，有专家提出了该遗址可能是陶瓷窑场的观点，但一直没有发现更多与窑址直接相关的遗迹。

2015年，国家文物局水下文化遗产保护中心（现更名组建为国家文物局考古研究中心，下同）和广西文物保护与考古研究所完成了防城港局部海域的考古调查之后，委托防城港市博物馆开展沿海岸线的考古调查，由此拉开了人们重新认识包括洲尾在内的防城港沿海区域诸多遗址的序幕。虽然笔者早在2011年就曾到过洲尾附近的沙港村征集洲尾出土文物，但直到2016年6月，才在组织开展考古调查活动时首次真正接触洲尾遗址，并于2017年1月进行了复查。由笔者主编的《防城港水下考古陆地调查研究》（广西人民出版社2017年出版）一书，对洲尾遗址的调查情况、初步认识进行了记录与论述，这是有关洲尾遗址的最早学术研究成果。随着防城港市博物馆考古调查工作的持续开展，特别是出土文物的日渐增多，洲尾遗址逐渐受到区内外专家的关注。熊昭明先生、韦莉果女士在《广西古代海上丝绸之路》（广西科学技术出版社2019年出版）一书中对洲尾出土的部分越南青瓷器进行了简要介绍；笔者在2020年发表的《古代防城港地区对海上丝绸之路的参与——基于文物古迹的考察》（见广西师范大学出版社《广西博物馆文集》第十四辑）、《广西防城港沿海近年考古调查新发现》（见上海古籍出版社《水下考古》

第二辑）等文中也提到了洲尾遗址。然而，相关研究仍属单薄，缺乏专门而全面的介绍。基于此，笔者在组织人员开展洲尾遗址遗迹清理和出土文物整理的基础上，根据2019年洲尾遗址考古调查座谈会上来自北京、福建、浙江、广西等地专家做出的“洲尾遗址是一个重要港口和贸易点遗址”的初步结论，结合洲尾遗址出土的丰富外销瓷器、钱币、码头和其他建筑遗迹等贸易相关信息，特别是2020年经考古调查确认的流经洲尾遗址和皇城坳遗址且沟通两端海湾的皇帝沟运河为唐代运河等系列新发现，以及对洲尾周边相关遗址进行综合考察，在贸易场所、管理机构、贸易线路等信息日益明朗，相关物证更为充分的情况下，根据现有地名进一步提出“洲尾贸易场”的概念。笔者认为这是一个形成于唐末，鼎盛于宋元，终止于明中期，集跨区域、跨国贸易性质于一体的贸易场：延伸入海的整个半岛为洲尾贸易场的分布范围，其核心贸易区域在今洲尾遗址虾塘附近约4.5万平方米的平地上；业内已确定的南宋官方机构性质的皇城坳遗址为彼时洲尾贸易场的管理机构所在；开通于唐代的皇帝沟运河是贸易场所与管理机构之间的水上通道，其与潭蓬运河、西坑运河等共同构成改善北部湾海域通航条件的运河体系；等等。由此形成本书的基本结构：

《第一章　洲尾遗址的调查与发现》，从自然环境、人文背景、发现经过及出土文物等方面对洲尾遗址进行详细介绍，特别是选取了170多件文物进行重点介绍，通过实物图和线图进行多角度呈现，以期较为全面地展示遗址的遗存情况。这些全新的第一手资料，是本书论述的基础，在笔者看来，亦是本书的亮点和价值所在。需要说明的是，部分文物照片上的编号为采集时候所作标记，后经系统整理，编号有所变动，以正文及图片说明的编号为准。

《第二章　洲尾贸易场的提出》，从洲尾遗址出土的陶瓷器、金属器以及道路、码头等遗迹所附着的信息分析出发，结合唐宋时期广西沿海口岸兴起、北部湾沿海地区多个贸易场所陆续出现等历史背景，联系防城港市的潭蓬运河、皇帝沟运河和钦州市的西坑运河组成的唐代北部湾运河体系，皇城坳遗址等周边密切关联遗存，提出“洲尾遗址为古代贸易场遗址”的观点并进行论述。

《第三章　基于现有遗存的相关认识》，围绕洲尾贸易场的存在年代、贸易商品与贸易线路、贸易场的性质三个方面进行论述，提出观点如下：洲尾贸易场形成于唐末，兴盛于两宋，在南宋至元期间发展到了顶峰，明初开始衰落，并于明代中期终止；以洲尾遗址为中心来进行考察，至少有东、西两个方向共四条贸易线路——洲尾经广东至我国东南沿海地区往返线、洲尾经合浦至广西内陆及周边地区往返线、洲尾经潭蓬运河至越南往返线、洲尾经防城江至十万大山及周边内陆往返线；洲尾贸易场具有跨国性、跨区域性的双重性质……这些观点立足于新出土、新发现的文物及遗迹信息，具有较高的可信度，且部分内容为首次阐述。

本书以洲尾遗址、遗迹及新发现的文物为依据，注重对个体文物进行微观观察，结合其出土环境、历史背景等更大视角进行综合分析，坚持微观与宏观、个体与整体、实物与文献等多方互证，提出了洲尾贸易场的概念，并依据出土文物和遗址、遗迹描述还原了贸易场的可能面貌。所运用的材料来源可靠，绝大多数为第一手材料。在开展实证分析中，将洲尾遗址与潭蓬运河、皇帝沟运河、皇城坳遗址等防城港市现存的古代海上丝绸之路相关遗迹相关联，进行综合分析，揭示其间的联系与互动。可以说，本书既是首次全面、系统论述洲尾遗址的研究成果，也是填补广西北部湾沿海贸易场研究空白的专著。

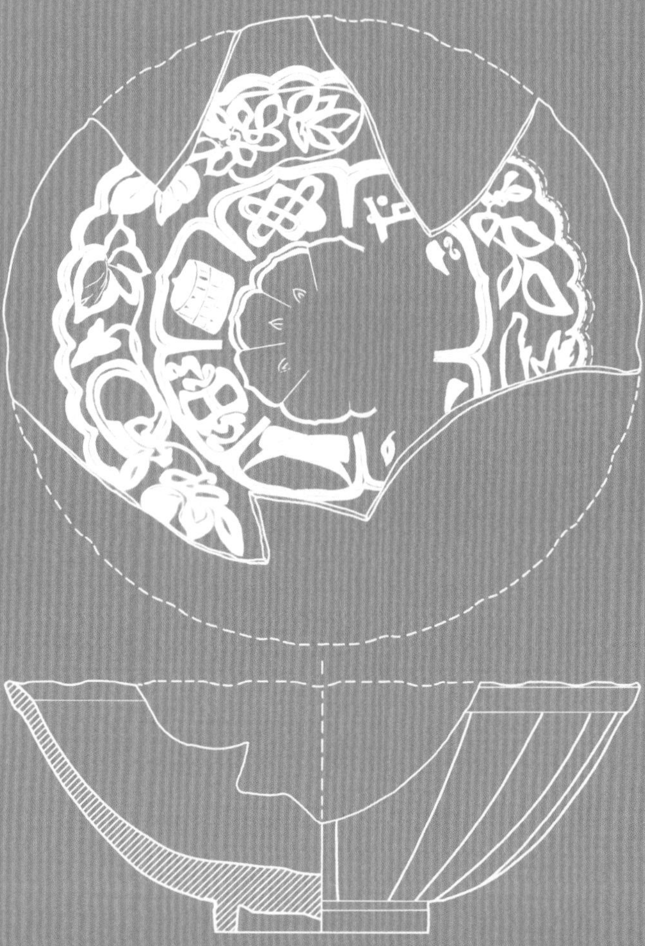

第一章 洲尾遗址的调查与发现

洲尾位于广西壮族自治区防城港市港口区王府街道办事处沙港社区。本章中，笔者将简要介绍洲尾遗址的基本情况（包括调查过程），并分类介绍洲尾遗址的遗物、遗迹。

第一节 基本情况

洲尾位于广西壮族自治区防城港市港口区王府街道办事处沙港社区（原公车镇沙港村），处在企沙半岛西部，为企沙半岛伸向海洋的三角形状的子半岛，其东、西两侧为海湾，南面为伸向海洋的岬角，北连陆地。遗址由山丘、平地、海滩（虾塘）等组成，有公路从旁经过，距其数百米处有几户村民居住，附近无大规模的村落聚集；与之相隔约 1.5 千米的小海湾正对岸建有一些工厂，斜对面约 4.5 千米处是防城港市港口区的城区和渔沥岛（此岛因建有倒水坳大桥而与陆地相连，时常被误称为“渔沥半岛”，年吞吐量超 1 亿吨的西部第一大港防城港就建于其上）。遗址周边有暗埠江等河流注入大海，就水路交通而言，往东可达钦州市龙门港，往西可经潭蓬运河至东兴、入越南，往北沿西湾从防城江入海口溯江而上可进入十万大山内陆地区，交通可谓便利发达。

自 20 世纪 90 年代起，洲尾遗址及周边地区的村民在生产建设时陆续挖出过文物。1996 年，有一村民在围海滩挖虾塘的作业中挖出 1000 多斤铜钱，此后亦有村民在周边陆续挖出十数斤至百余斤不等的铜钱及成摞窖藏完整瓷器，但由于彼时防城港市文博机构尚未成立，专业人才缺乏，文化部门未能及时介入并实施保护，出土的各类文物相继流失。2011 年，防城港市文物管理所（2012 年后与新成立的防城港市博物馆合为一个机构）在沙港村骆力章先生家中征集到了出土于洲尾遗址的约 16 斤铜钱和多件陶器。这批文物印证了当地群众挖出文物的传闻，也成为洲尾遗址出土文物的重要标本。

此后，随着更多的陶瓷残件在当地群众生产劳作和工程建设中不断出土，洲尾遗址逐步引起了专家、学者的关注，迎来了广西壮族自治区博物馆、广西文物保护与考古研究所等多个单位文博专家的实地考察。特别是 2015 年由国家文物局水下文化遗产保护中心和广西文物保护与考古研究所联合开展了防城港海域水下考古调查之后，考虑到水下考古调查的线索寻找需要，沿海岸线古代航海遗迹的调查被提到了日程上，直接催生了防城港市博物馆 2016—2017 年水下考古陆地调查活动的开展——洲尾遗址便是调查活动的重点对象，关于洲尾遗址的探索与发现由此拉开了序幕。

在 2016—2017 年的两次调查活动中，防城港市博物馆共采集了 475 件陶瓷标本，在梳理以往出土文物和田野调查新获标本信息的基础上，在广西文物保护与考古研究所的指导、帮助下，于 2017—2019 年对洲尾遗址开展了 3 次小范围的试掘，有了系列发现，取得了突破性的认识。

第二节 洲尾遗址的遗物、遗迹

一、征集到的文物

2011 年 12 月，笔者有幸参与了对沙港村中新组骆力章先生所收藏出土物品的征集工作，共征集到约 16 斤铜钱和 2 件陶罐、2 件陶珠、7 件平底直腹陶钵。据骆力章先生介绍，铜钱为其于 2002 年在洲尾虾塘施工中挖获，当时铜钱由麻绳串联，在铜钱出土地附近，还发现了平底陶钵、陶罐等物品。因缺乏文物保护意识，他当时并未报告文物部门，而是将这些文物带回家中放置。以下就是从骆力章先生处征集到的文物的文字介绍和图片展示。

（一）铜钱

经整理，这批铜钱包括开元通宝、乾元重宝、宋元通宝、太平通宝、淳化元宝、至道元宝、咸平元宝、景德元宝、祥符元宝、天禧通宝、天圣元宝、明道元宝、景祐元宝、皇宋通宝、至和元宝、嘉祐通宝、治平元宝、熙宁元宝、元丰通宝、元祐通宝、绍圣元宝、元符通宝、圣宋元宝、大观通宝、政和通宝、宣和通宝、淳祐元宝、洪武通宝等 30 种，较同类铜钱，普遍具有小、薄、轻等特征，基本上可判断是越南仿铸的钱币。其中，仿铸的北宋年号钱占 85% 以上，另有唐代年号钱 2 种，南宋年号钱 1 种，明代年号钱 1 种。

（二）陶罐

LT00028　完整器。折沿，口沿向外微敞，鼓肩，弧腹，平底。罐身以浅红色为主，间夹灰色，内底有较深旋纹，口沿多处受损而形似花口。罐高 5.2 厘米，内高 4.5 厘米，底径 7.6 厘米，口径 6.6 厘米。

LT00029　完整器。圆唇，鼓肩，弧腹，平底。罐身外侧有细弦纹，以浅红色为主，间夹灰色；内侧反之，以灰色为主，偶夹浅红色。底有浅旋纹。罐高 6.4 厘米，内高 5.6 厘米，底径 8 厘米，口径 7 厘米。

（三）陶珠

LT00025　完整器。浅黄色。高 2.3 厘米，外径 3.2 厘米，内径 2 厘米。形似算珠，或为陶网坠。

GC005　完整器。青灰色。高 2.1 厘米，外径 2.8 厘米，内径 1.8 厘米。形似算珠，或为陶网坠。

开元通宝

乾元重宝

宋元通宝

太平通宝

淳化元宝

至道元宝

咸平元宝

景德元宝

祥符元宝

天禧通宝

天圣元宝

明道元宝

景祐元宝

景祐元宝

皇宋通宝

至和元宝

嘉祐通宝

治平元宝

治平元宝

熙宁元宝

元丰通宝

元祐通宝

绍圣元宝

元符通宝

圣宋元宝

大观通宝

政和通宝

宣和通宝

淳祐元宝

洪武通宝

罐 LT00028

罐 LT00029

珠 LT00025

珠 GC005

（四）陶钵

LT00011　完整器。平底，直腹，圆唇，厚胎。外壁呈褐色或灰色，内部为灰色。内底略凸有旋纹，外壁有多道弦纹，与环饰的竖条纹交叉形成局部明显的小方格纹。钵高 4.6 厘米，内高 4 厘米，底径 16 厘米，口径 14 厘米。

LT00015　完整器。平底，直腹，圆唇，厚胎。通体呈青灰色，内底略凹有旋纹。外壁口沿下有数道弦纹，弦纹以下有不及底竖条纹环饰。钵高 4.6 厘米，内高 3.5 厘米，底径 15 厘米，口径 13.5 厘米。

LT00018　完整器。平底，直腹，圆唇，厚胎。钵体以黄褐色为主，内底有旋纹并夹黑色斑点，外壁口沿弦纹下有斜线纹环饰。钵高 4.5 厘米，内高 3.5 厘米，底径 15.6 厘米，口径 13.5 厘米。

LT00019　完整器。平底，直腹，圆唇，厚胎。通体呈褐色，口沿有残缺，内底略凸有旋纹，外壁口沿弦纹下为竖条纹环饰。钵高 4 厘米，内高 3 厘米，底径 15 厘米，口径 13 厘米。

LT00020　完整器。平底，直腹，圆唇，厚胎。通体呈青灰色，口沿内侧有一处残缺，内底旋纹较浅，壁身上下部有弦纹，中间以斜线纹环饰。钵高 4 厘米，内高 3 厘米，底径 15.4 厘米，口径 13.2 厘米。

LT00021　完整器。平底，直腹，圆唇，厚胎。钵体以浅红色为主，夹灰黑色，内底有旋纹，外壁口沿下有两道弦纹，弦纹下为斜线纹环饰。钵高 4.5 厘米，内高 3.8 厘米，底径 15.5 厘米，口径 14 厘米。

LT00022　完整器。平底，直腹，折沿，厚胎。口沿与外壁结合部饰凹刻弦纹。外壁为灰色或褐色，内底、内壁为青灰色，内底中凸有旋纹，外壁近口沿处有多道弦纹，弦纹下饰不及底竖条纹。钵高 13 厘米，内高 12 厘米，底径 27.2 厘米，口径 24.5 厘米。征集前曾用作鸡鸭喂食盆，因口沿有残，钵身有裂痕，故被原物主用铁线于上、下部圈绕加固。

钵 LT00011 及线图

钵 LT00015 及线图

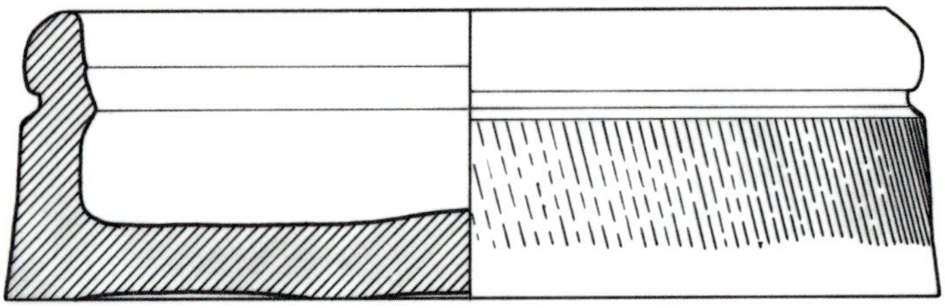

钵 LT00018 及线图

钵 LT00019

钵 LT00020 及线图

钵 LT00021 及线图

钵 LT00022

二、对洲尾遗址的调查采集与试掘发现

防城港市博物馆于 2016 年启动了辖区沿海岸线陆地调查活动，2016 年 6 月、2017 年 1 月两次在洲尾开展调查：第一次调查活动，在浅水的虾塘中采集了陶器标本 68 件、瓷器标本 320 件；第二次调查活动，在坡地、虾塘边沿，通过地表和施工断面，采集了陶器标本 64 件、瓷器标本 23 件。

根据这两次调查的情况，结合以往发现，防城港市博物馆将洲尾遗址列为重点调查点，并于 2017—2019 年对洲尾遗址开展了 3 次小范围的试掘和周边调查，取得了系列发现。

2017 年，试掘开了 3 个小探方，出土物品数量较多，但多为零散碎片，完整器极少。出土物有陶、瓷、铜、石等质地，以陶瓷为主（陶器最多，瓷器次之），另有少量铜钱、铜残片、石器等物品。本次除探方试掘外，恰逢试掘区邻近虾塘抽水维护，底部干枯，因此防城港市博物馆工作人员对约 200 平方米的虾塘开展调查。此虾塘为洲尾遗址的组成部分，原是连接试掘区与海湾的海滩，后被开发用来养虾，人工建设部分虽对遗址、遗迹产生了局部破坏，但也为调查活动提供了观察点。在对虾塘开展的调查中，发现并采集了大量陶瓷器标本，包括陶片 80 多袋①、瓷片 10 余袋。

2018 年，工作人员在洲尾遗址内相距约 200 米的南北两侧平地上开了几处小探方、探沟，同时在试掘区之间及周边打探洞，并对周边（包括虾塘）进行考古调查。本次试掘和调查获得了大量出土物品，多数残缺，亦有完整器。经初步整理，陶器及残片有 50 余箱②，瓷器及残片有近 10 箱。出土物品除陶瓷外，还有金属、石质、骨质等类物品。此外，还发现了柱洞、木桩、地砖、灰坑等古代建筑和居民生活遗迹。

2019 年，为寻找此前发现的平地柱洞、虾塘木桩之间的可能性关联线索，防城港市博物馆在洲尾遗址南侧虾塘边的弃耕田（平地坡脚边，为平地与虾塘衔接区）开了 2 个小探方和 1 条探沟。本次试掘同样出土了较为丰富的陶瓷器及残片，也有数件金属残件出土。此外，另发现一条以石头铺排的疑似道路遗迹，其与此前发现的虾塘木桩相邻。

以下是 3 次考古调查和试掘的代表性发现。

---

① 此处“袋”为蛇皮袋，规格为底径 45 厘米、高 69 厘米。
② 此处“箱”指标本篮，规格为长 50 厘米、宽 35 厘米、高 26 厘米。

（一）陶器

陶器是洲尾遗址出土文物中最多的一种，占全部出土物的 70% 以上。以灰陶为主，另有红陶、釉陶等，从胎质看有泥质陶、夹砂陶，涉及钵、罐、壶、瓮、釜、盘、器盖、网坠等器物。本部分按器形选取部分略作介绍。

1. 钵

钵是洲尾遗址出土陶器中数量最多的器形，约占出土陶器的半数，常见的形状有直口、束口、敛口等。其中，直口直腹陶钵占陶钵总数的 80% 以上，多为夹砂硬质的灰陶、褐陶，也有少量质地松软的红陶。仅 2018 年，试掘出土的直口直腹陶钵完整器就有 32 件，是目前为止洲尾遗址出土完整器最多的器物。束口陶钵则多为泥质陶，器物表面打磨光滑，器形相对较小。此外，还有黑釉陶钵的发现，但数量较少。

2017ZWT4:236　完整器。平底，直腹，圆唇。胎体厚重，质地坚硬。口沿有叠烧粘连痕迹，内底有旋纹，外壁上下端各有一道平行弦纹，弦纹中间饰斜线纹。外部褐色、灰色相间，内部以灰色为主。钵高 4. 1 厘米，内高 3. 3 厘米，底径 15. 6 厘米，口径 13. 9 厘米。

18ZWT10K6:2　完整器。平底，直腹，圆唇。胎体厚重，质地坚硬。口沿有叠烧粘连痕迹，内底有旋纹，外壁口沿下有弦纹，弦纹下有不及底竖条纹环饰，通体呈褐色。钵高 4 厘米，内高 3 厘米，底径 15. 6 厘米，口径 13. 9 厘米。

2019ZWT4 ② :1　完整器。平底，直腹，圆唇。胎体厚重。口微敞，口沿有叠烧粘连痕迹，内底有旋纹略凸，外壁口沿下有弦纹，弦纹下有不及底竖条纹环饰。通体以灰黑色为主，底及内部有较密集黑斑点，夹砂情况明显。钵高 4. 3 厘米，内高 3. 1 厘米，底径 15. 6 厘米，口径 13. 9 厘米。

2019ZWT2 ② :2　完整器。平底，直腹，圆唇。胎体厚重，质地坚硬。内底有旋纹，外壁上端有三道弦纹，弦纹下有不及底竖条纹环饰，局部竖条纹模糊。钵体外部呈浅灰褐色，内部为红褐色。钵高 6. 3 厘米，内高 5. 4 厘米，底径 19. 6 厘米，口径 17. 6 厘米。

2019ZWT3 ② :7　完整器。平底，直腹，圆唇。厚胎，质地坚硬。内底有旋纹，中心凸起，外壁上端有细浅水波纹，水波纹下有三道密集深刻弦纹，其下另有数道较浅弦纹，弦纹下有不及底竖条纹环饰，局部竖条纹模糊不清。外部为青灰色与浅褐色相间，内部为深褐色。钵高 7.3 厘米，内高 6.2 厘米，底径 20.2 厘米，口径 18.3 厘米。

2019ZWT3②:17　完整器。平底，直腹，折沿，厚胎，质地坚硬。口沿与外壁结合部饰凹刻弦纹，其下又有两道深刻细弦纹及数道密集浅弦纹，弦纹下有不及底斜线纹环饰。外部为灰色与褐色相间，内部为深灰色，多黑斑点。内底有旋纹，内壁有多道清晰的拉坯痕。钵高 9.8 厘米，内高 8.9 厘米，底径 21 厘米，口径 18.7 厘米。

18ZWT8:80　完整器。平底，直腹，折沿，厚胎，质地坚硬。口沿与外壁结合部饰凹刻弦纹，其下有水波纹，不及底斜线纹环饰。外部以浅褐色为主，内部呈浅黄色。内底旋纹较模糊，内壁有多道清晰的拉坯痕。钵高 10.5 厘米，内高 9.6 厘米，底径 22.4 厘米，口径 20.9 厘米。

2019ZWT3②:15　完整器。平底，直腹，折沿，厚胎，质地松软。口沿与外壁结合部饰凹刻弦纹，弦纹下有不及底斜线纹环饰，局部斜线纹模糊不清。外部呈灰色，内部为红色。外底局部内凹，内底中凸有旋纹，内壁有拉坯痕。钵高 9.5 厘米，内高 8.2 厘米，底径 23.5 厘米，口径 21.5 厘米。

2019ZWT3②:4　残件。平底，直腹，折沿，厚胎，质地坚硬。口沿与外壁结合部饰凹刻弦纹，其下又有四道深刻且密集的弦纹和不及底斜线纹环饰。钵内外均为褐色、灰色相间，残露胎体呈褐色。内底有清晰旋纹，内壁有拉坯痕。钵高 11.9 厘米，内高 10.8 厘米，底径 25.8 厘米，口径 23.6 厘米。

18ZWC:12　残件。平底，弧腹，鼓肩，束口。泥质陶，质地坚硬。外底有旋纹略内凹，肩与口沿之间有两道较小凹刻弦纹，近底外壁有两道浅弦纹。器表打磨光滑，通体呈青灰色，胎体断面细腻呈褐色。钵高 6.5 厘米，内高 6.1 厘米，底径 6 厘米，口径 11 厘米。

2017ZWT4:267　残片。弧腹，鼓肩，束口。泥质陶，质地坚硬。肩与口沿之间有两道较小的凹刻弦纹，器表打磨光滑，外部以浅褐色为主，内部以灰色为主，胎体断面细腻呈褐色。残高 7.5 厘米，残宽 12 厘米。

18ZWC:102　残片。弧腹，鼓肩，束口。泥质陶，质地坚硬。口沿下有多道弦纹，器表打磨光滑，通体呈青灰色，胎体断面细腻呈褐色。残高 4.5 厘米，残宽 9.6 厘米。

2017ZWT4:319　残片。弧腹，敛口。少量夹砂的泥质陶，质地坚硬。外侧口沿

钵 2017ZWT4:236 及线图

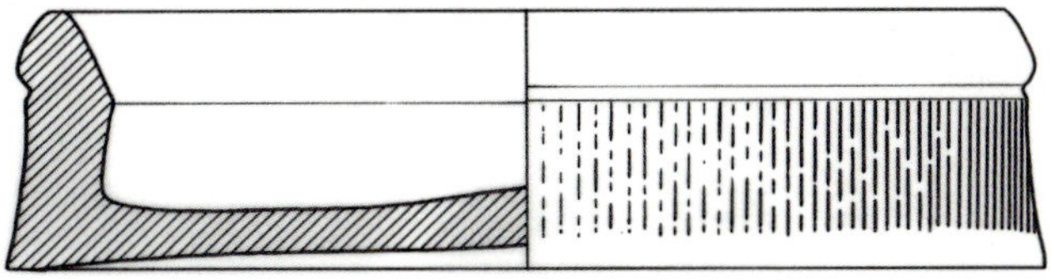

钵 18ZWT10K6:2 及线图

钵 2019ZWT4 ② :1 及线图

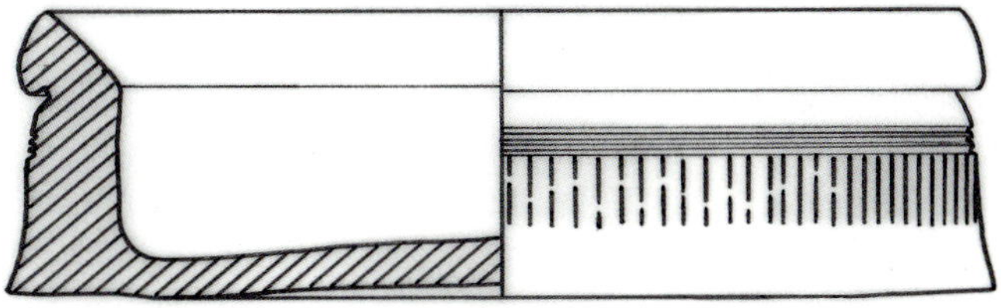

钵 2019ZWT2 ② :2 及线图

钵 2019ZWT3 ② :7 及线图

钵 2019ZWT3 ②:17 及线图

钵 18ZWT8:80

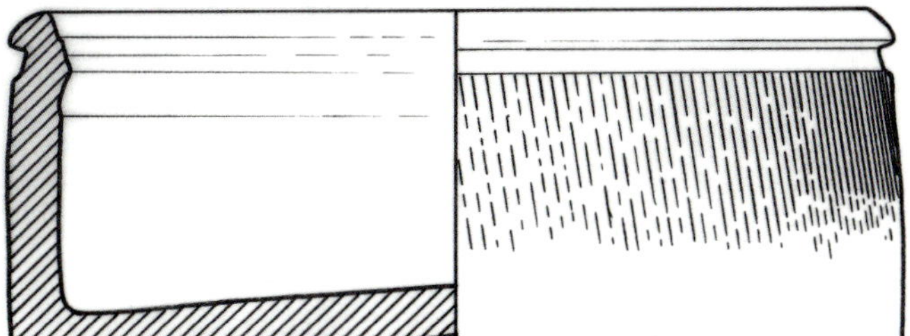

钵 2019ZWT3 ②:15 及线图

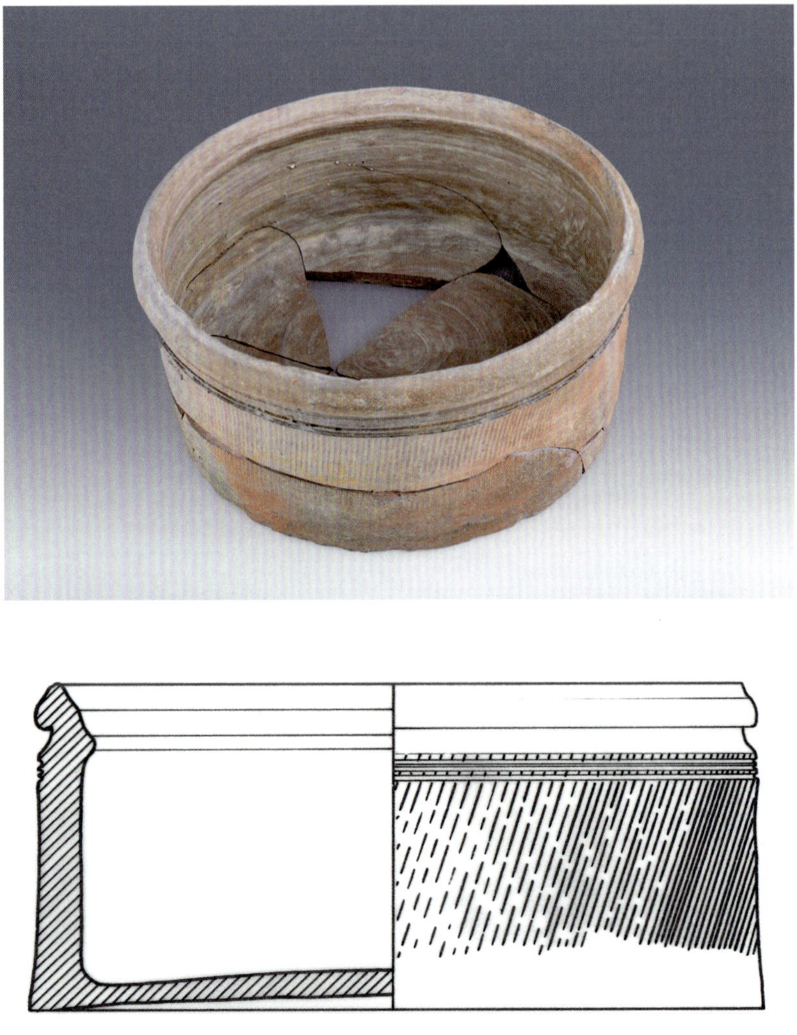

钵 2019ZWT3 ② :4 及线图

钵 18ZWC:12

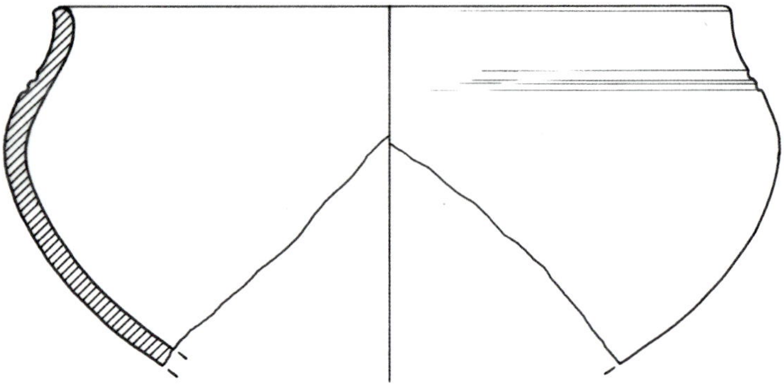

钵 2017ZWT4:267 及线图

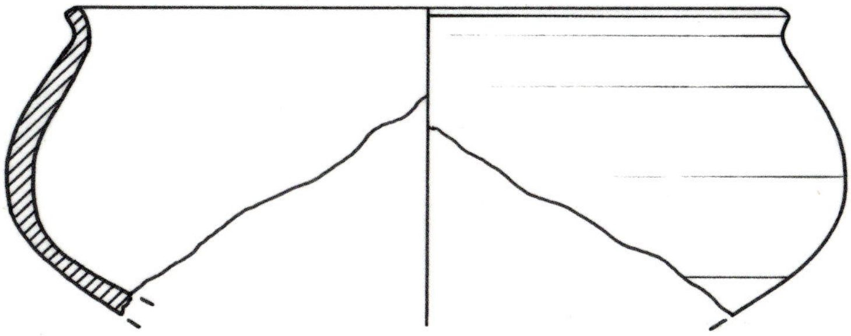

钵 18ZWC:102 及线图

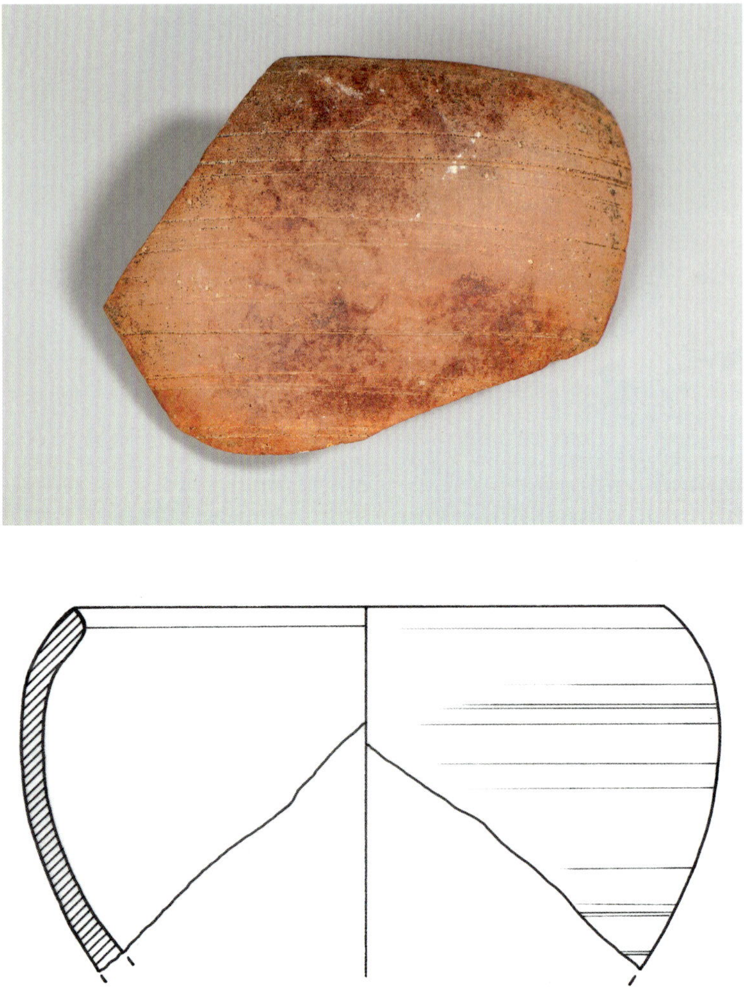

钵 2017ZWT4:319 及线图

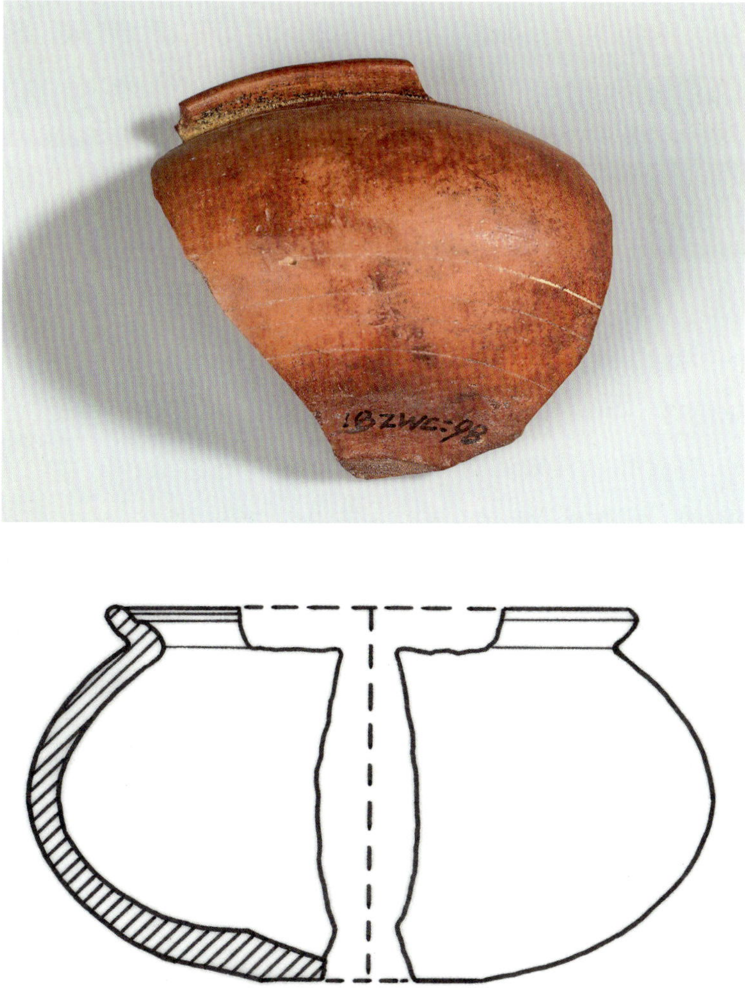

钵 18ZWC:98 及线图

以下有多道弦纹，通体呈浅褐色，内外部残留有黑釉，为黑釉陶钵。残高 7.1 厘米，残宽 9.2 厘米。

18ZWC:98 残件。平底，弧腹，折沿，撇口。泥质陶，质地坚硬。器表打磨光滑，腹至底之间有多道弦纹，通体呈褐色。钵高 4 厘米，残宽 5 厘米。

2. 罐

罐是洲尾遗址出土陶器中种类最为丰富的器形，数量仅次于陶钵。目前的发现中，以夹砂粗胎为主，多数为灰、褐等色的硬质陶罐，也有少量胎质较为疏松的红、黄色陶罐，另有一些带釉陶罐。

18ZWT8K5:83 残件。弧腹，折沿，撇口，夹砂。罐身外壁饰栉纹，内外呈黄色。残高 6.4 厘米，残宽 13.8 厘米。

18ZWT8K5:3 完整器。平底，直腹，折沿。口沿与外壁间有凹刻弦纹，外壁近底有道弦纹。通体呈灰色，外底平整，内底靠壁呈凹状环形，中心整体平凸且有旋纹。罐高 4.4 厘米，内高 3.7 厘米，底径 9.2 厘米，口径 8 厘米。

18ZWC:101 残片。鼓肩，短颈，口微撇。内外及胎体断面呈灰色，口径 5.6 厘米，残高 3.5 厘米，残宽 11 厘米。

2017ZWT4:247 残件。平底，弧腹，鼓肩，短颈，直口。内外呈青灰色，胎体断面为褐色，质地坚硬。口径 6 厘米，罐高 5.6 厘米，内高 4.9 厘米，残宽 10 厘米。

18ZWT10②:95 残件。平底，弧腹，短颈，撇口。内外呈青灰色，胎体断面为褐色，质地坚硬。外壁近底有两道浅弦纹，内底有旋纹，内壁有拉坯痕。罐高 6.5 厘米，内高 6 厘米，残宽 10.4 厘米。

18ZWT8K5:1 完整器。平底，弧腹，鼓肩，短颈，卷沿，撇口。外部呈灰色，内部为褐色。外底中部略凹，内底有旋纹，内壁有拉坯痕。罐高 9.6 厘米，内高 8.3 厘米，底径 10.8 厘米，口径 9.3 厘米。

18ZWC:85 残件。平底，弧腹，鼓肩，短颈，撇口。外部为青灰色、浅褐色相间，内部呈褐色，胎体断面为青灰色，质地坚硬。罐高 7.5 厘米，内高 6.6 厘米，底径 10 厘米，口径 8 厘米。

2019ZWT2②:6 完整器。平底，弧腹，折沿，口微敞。口沿与外壁之间有一道弦纹，外壁近底有多道细弦纹。通体呈青灰色，外底中部微内凹，内底中心略凸有旋纹，内壁有拉坯痕。罐高 14.5 厘米，内高 12.7 厘米，底径 17.5 厘米，口径 15.3 厘米。

18ZWT10②:92　残片。直身，直口。器身上部有两道凸弦纹，弦纹间饰水波纹。残片胎体断面及器物内部呈褐色，外部为青灰色，质地坚硬。残高 8.6 厘米，残宽 16.5 厘米。

18ZWT8:14　残件。平底，直腹，直口。内底有旋纹，外底及内部有较为明显的气泡痕，外壁下部有多道弦纹并以不及底斜线纹环饰。除外壁呈黑褐色外，其余部分为浅褐色，质地坚硬。从断面上看，器壁厚薄不均。罐高 10.7 厘米，内高 10 厘米，底径 22 厘米。

18ZWT8:13　残件。平底，直腹，折沿，直口。外壁下部有多道弦纹，以不及底竖条纹环饰，外壁与口沿间有弦纹。内底有旋纹，内壁有拉坯痕。器物外底为青色，外壁为褐、青两色相间，内部呈浅褐色，质地坚硬。罐高 20.9 厘米，内高 19.8 厘米，底径 25 厘米，口径 21.8 厘米。

18ZWT8:17　残片。直口，丰肩。肩饰两道凸弦纹，弦纹间有唐花装饰，为绿釉陶罐。残高 5.8 厘米，残宽 20 厘米。

18ZWT3K1:4　残件。平底，弧腹。外底中心部分向内凹，内底略凸有手工按捏痕迹，壁胎较为疏松。外壁下部无釉，但残片最高点有酱釉残留，应是陶罐外部施不及底酱釉；内底及近底内壁有酱釉。残高 9 厘米，底径 12.6 厘米。

2017ZWE:21　残件。平底，弧腹。外底平整似饼足，内底有旋纹，壁胎较为疏松。罐外壁施不及底酱釉，内部施青釉。残高 8.8 厘米，残宽 13.8 厘米。

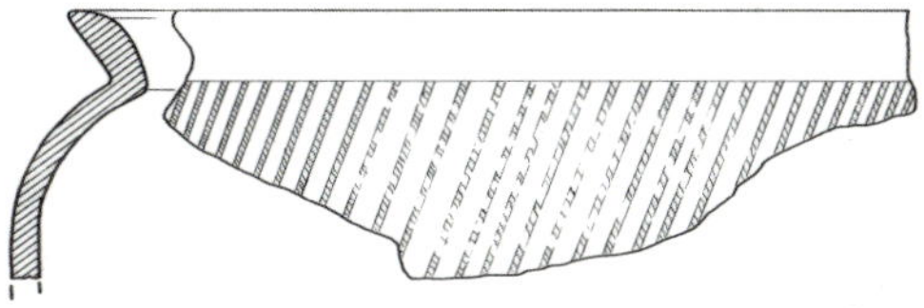

罐 18ZWT8K5:83 及线图

罐 18ZWT8K5:3 及线图

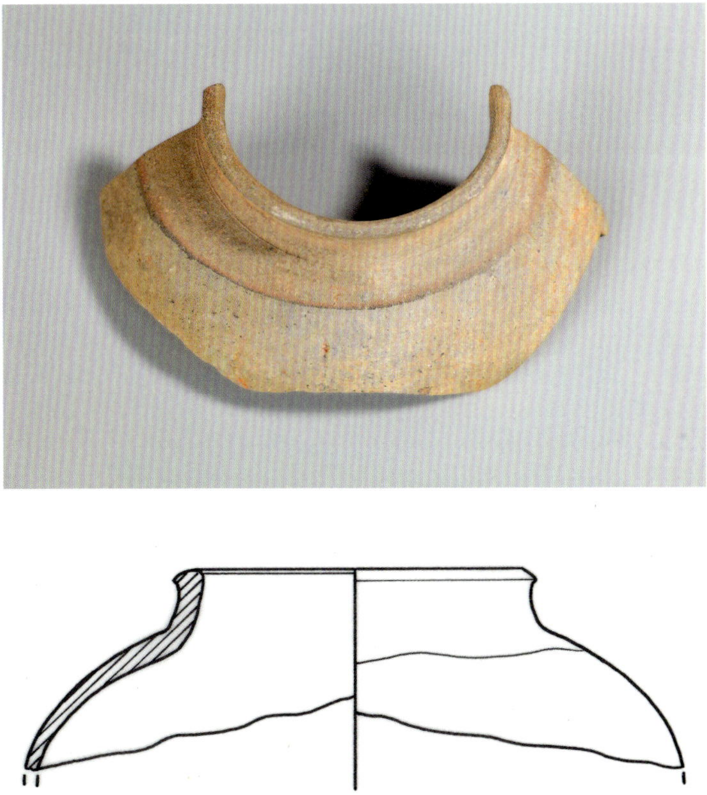

罐 18ZWC:101 及线图

罐 2017ZWT4:247 及线图

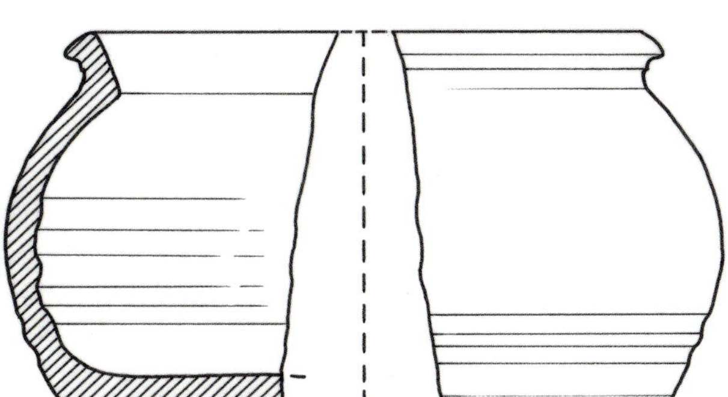

罐 18ZWT10②:95 及线图

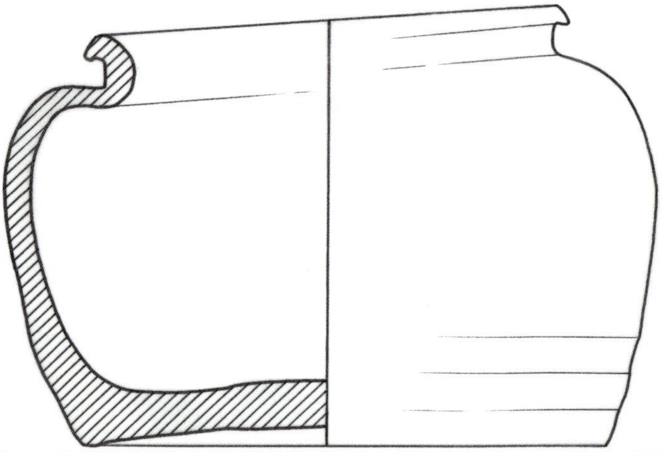

罐 18ZWT8K5:1 及线图

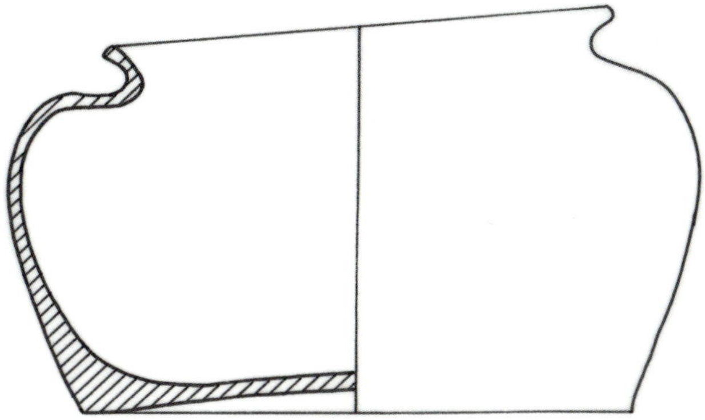

罐 18ZWC:85 及线图

罐 2019ZWT2 ② :6 及线图

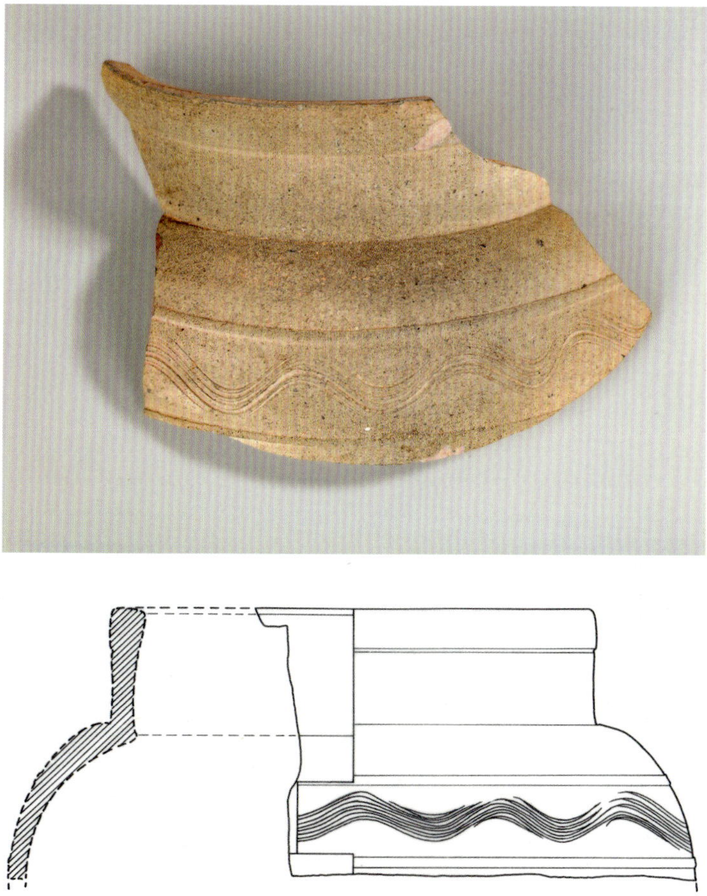

罐 18ZWT10 ②:92 及线图

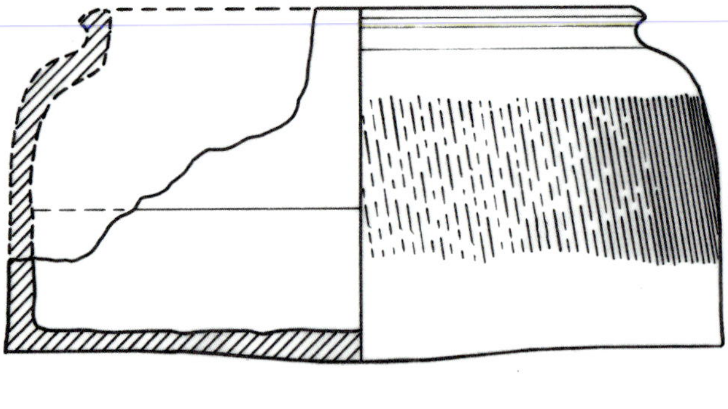

罐 18ZWT8:14 及线图

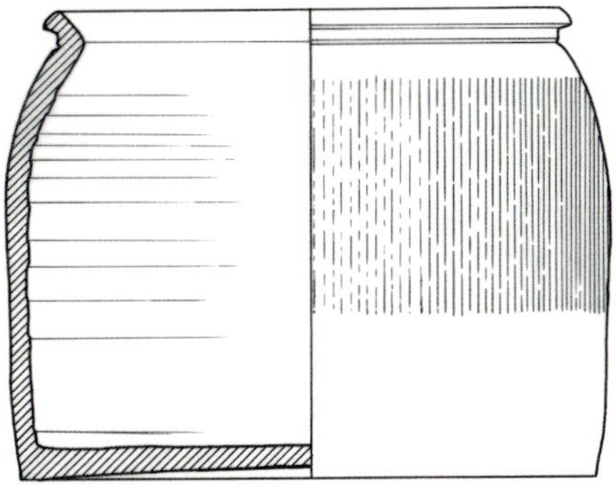

罐 18ZWT8:13 及线图

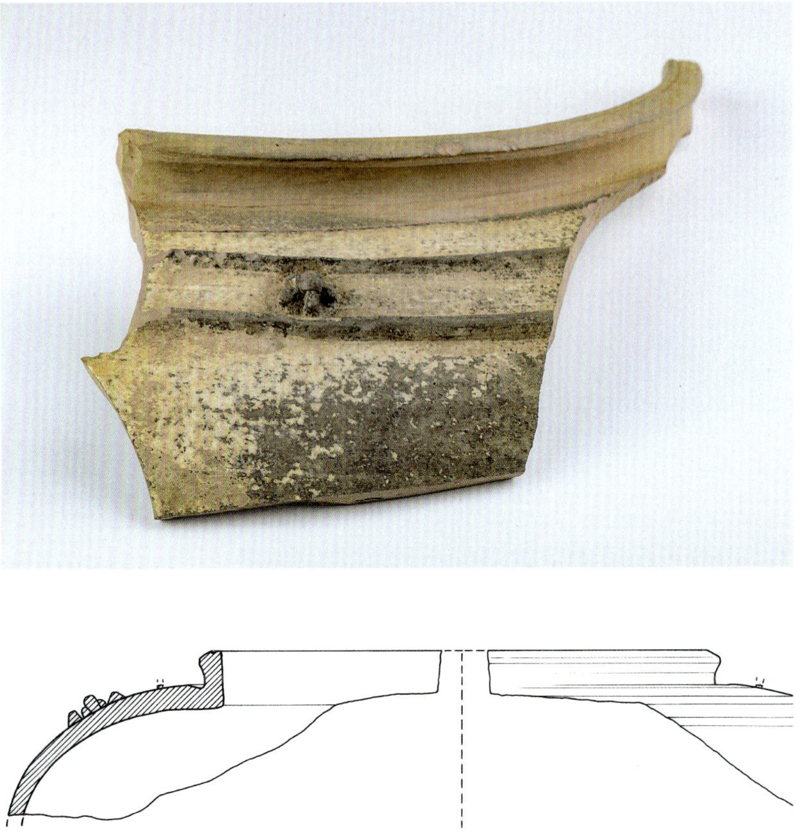

罐 18ZWT8:17 及线图

罐 18ZWT3K1:4 及线图

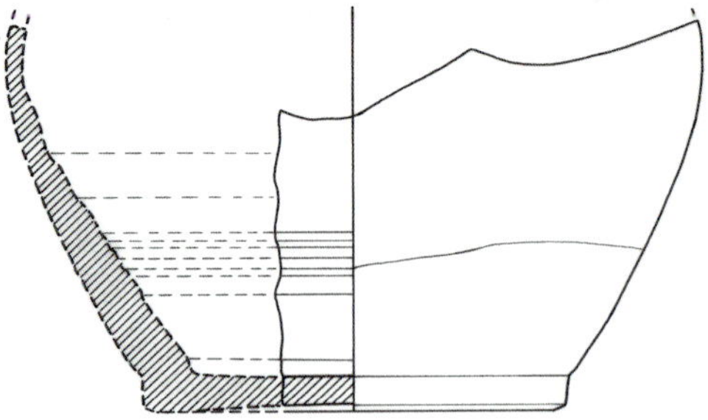

罐 2017ZWE:21 及线图

3. 壶

18ZWT8K5:81　残件。弧腹，直口，短直流。胎质细腻，为泥质陶。外壁打磨光滑，有明显的刮削痕。器物整体呈灰色，胎体断面呈浅褐色，质地坚硬。残高 7 厘米，残宽 13.5 厘米。

18ZWT8K5:82　残件。弧腹，直口，短直流，夹砂。内外壁较为粗糙，外壁为黑褐色，内部呈褐色。残高 12.5 厘米，残宽 19 厘米。

4. 瓮

18ZWT8:12　残件。平底，深弧腹。外底平整，外壁近底有多道细弦纹。内底有手工按捏痕迹，内壁有拉坯痕。瓮外部为灰、黑色相间，内部呈褐色，为泥质陶。残高 27 厘米，底径 30 厘米，现存肩宽 45 厘米。

5. 缸

18ZWT8:1　残件。平底，深腹且直，夹砂明显。通体呈灰色，胎质疏松。残高 17 厘米，底径 28.5 厘米。

6. 釜

18ZWT3②:2　残件。平底，微弧腹，折沿。胎质疏松，夹砂明显。总体呈红色，局部为灰色。高 12.5 厘米，残宽 17 厘米。

7. 盘

18ZWT5K2:9　残件。深足，浅腹，盘口微敞，沿面有凹槽，口沿下外壁饰仰莲。内外呈灰色，胎体断面呈褐色，质地坚硬。残高 4.5 厘米，残宽 11.5 厘米。

8. 盆

18ZWT3K1:7　残件。圈足，弧腹，敞口，折沿。内壁、底及胎体断面为浅褐色，有拉坯痕。外壁呈灰色，腹部近底环饰仰莲。底足外墙微内斜，外底平整有多道弦纹。高 11 厘米，口径 23.6 厘米，底径 15 厘米。

9. 器盖

器盖是洲尾遗址较为常见的出土陶器之一，其器形较为丰富多样。

18ZWT5K2:23 残件。盖顶微弧，中心有圆钮。盖面打磨光滑施多道弦纹，盖口微敛。外侧呈灰色，内部及胎体断面呈褐色，为泥质陶，质地坚硬。器高 2.6 厘米，口径 6.8 厘米。

2017ZWT4:253 残片。盖顶为平面并有弦纹，中心有钮但残缺。顶以下呈弧面，盖沿外撇。盖面打磨光滑，断面呈褐色，内外呈青灰色，为泥质陶，质地坚硬。残高 1.7 厘米，残宽 8.2 厘米。

2019ZWE:60 残件。盖顶微弧，中心有圆钮。自顶以下为弧面，近盖沿处折直，形成直口。盖身有多道弦纹，通体呈青灰色（局部受周边环境影响附着有黄、褐色）。器高 6 厘米，口径 12.5 厘米。

18ZWT8K5:91 残件。盖顶弧面微隆，中心有圈足形钮，钮内侧及下端有手工按捏痕迹，盖面为弧面，口微敞。通体呈浅黄色，胎体断面有少量夹砂和气孔。器高 10.2 厘米，口径 17.3 厘米。

18ZWT8②:1 残件。盖顶为圆形平面，中心有较大圆钮，圆钮外饰弦纹。自盖顶往下呈深弧，近盖沿处折直饰一道凸弦纹，形成直口。器盖内部及胎体断面呈褐色，内部中心有手工按捏痕迹，内壁有拉坯痕。盖面施绿釉，局部有流釉形成的釉滴。器高 12.3 厘米，口径 33 厘米。

2019ZWT1②:8 残件。平顶，直口。器盖为双层，空心，以内外口之间形成的环形空间与器物相扣。内底有旋纹，内外呈青灰色，胎体断面为褐色，质地坚硬。器高 3.8 厘米，内层口径 10 厘米，外层口径 17.8 厘米。

10. 陶珠

2019ZWT3②:1 完整器。通体呈浅红色，质地疏松。高 2.6 厘米，外径 3.4 厘米，内径 1.6 厘米。形似算珠，或为陶网坠。

11. 滴水

2017ZWT4:424 残件。灰陶，饰花卉纹。残高 6.1 厘米，残宽 6.7 厘米。

12. 其他

2017ZWT4:338　残片。外为管状竹形，表面打磨光滑。胎体厚重，细腻。通体呈褐色，质地坚硬。残长 10 厘米，残宽 5.2 厘米，胎壁厚 1 厘米。

18ZWT5 ② :16　残件。动物陶塑。陶塑自颈起，平底且无衔接痕迹，为首部。动物嘴角上扬，眼睛突起，眼部以上残缺。陶塑有多处捏制指纹痕，表面呈灰色，残断面为褐色，质地坚硬。残高 3 厘米，残宽 3.3 厘米。

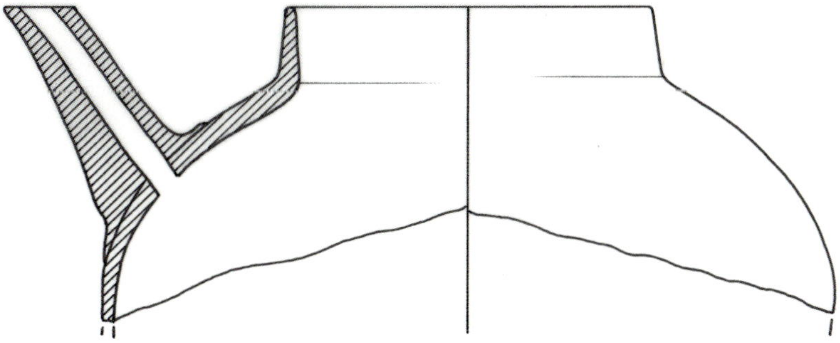

壶 18ZWT8K5:81 及线图

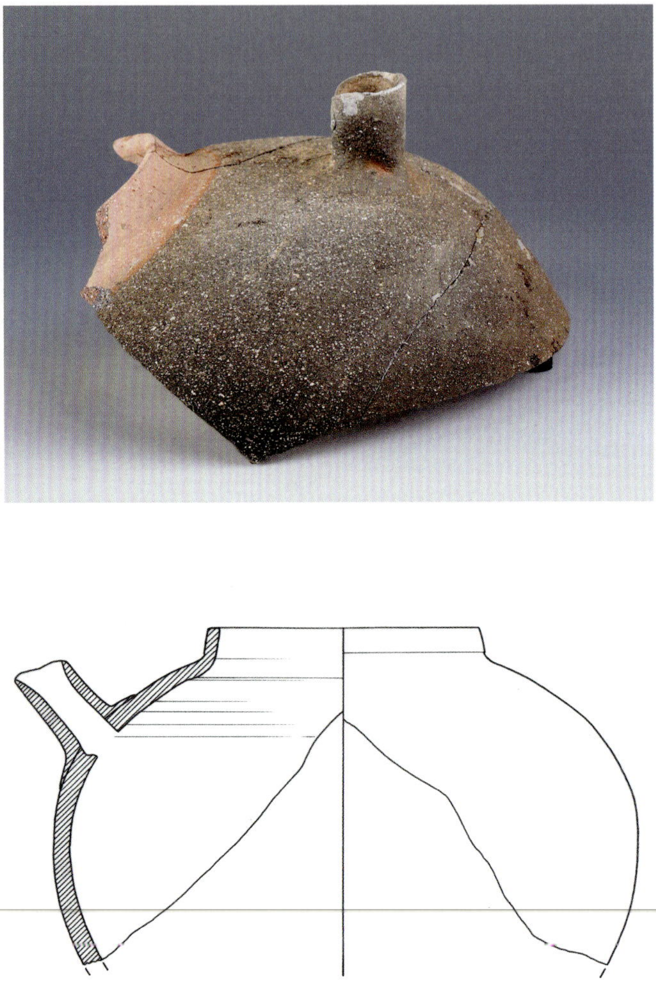

壶 18ZWT8K5:82 及线图

瓮 18ZWT8:12

缸 18ZWT8:1

釜 18ZWT3 ② :2

盘 18ZWT5K2:9 及线图

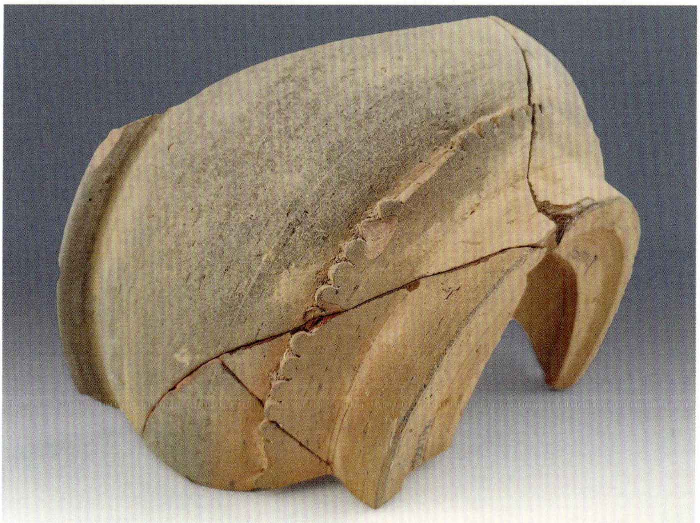

盆 18ZWT3K1:7

器盖 18ZWT5K2:23 及线图

器盖 2017ZWT4:253 及线图

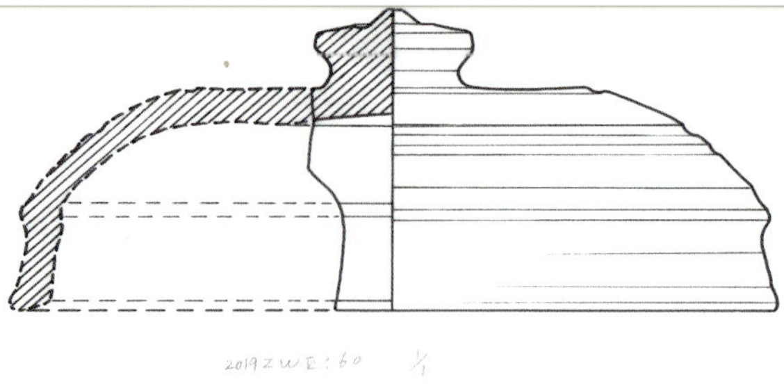

器盖 2019ZWE:60 及线图

器盖 18ZWT8K5:91 及线图

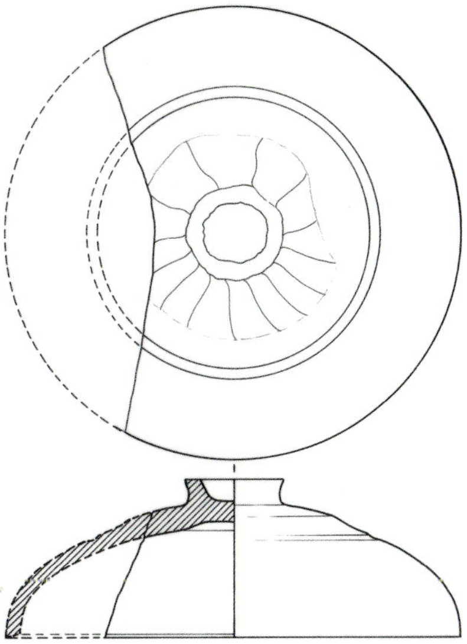

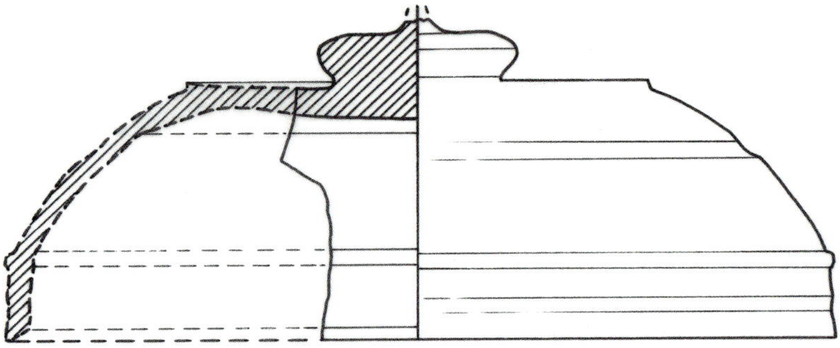

器盖 18ZWT8 ② :1 及线图

器盖 2019ZWT1 ②:8 及线图

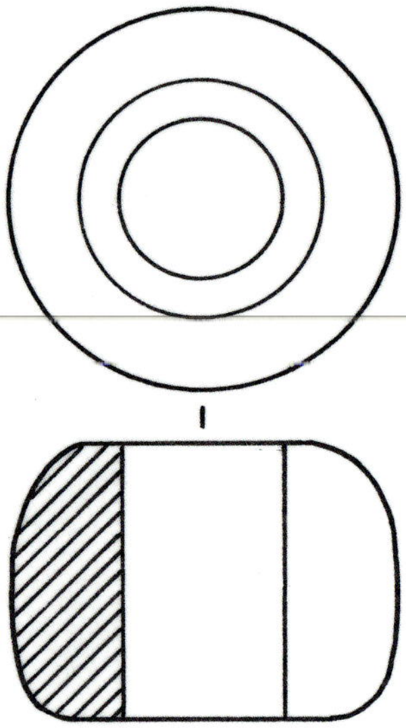

珠 2019ZWT3 ②:1 及线图

滴水 2017ZWT4：424 及线图

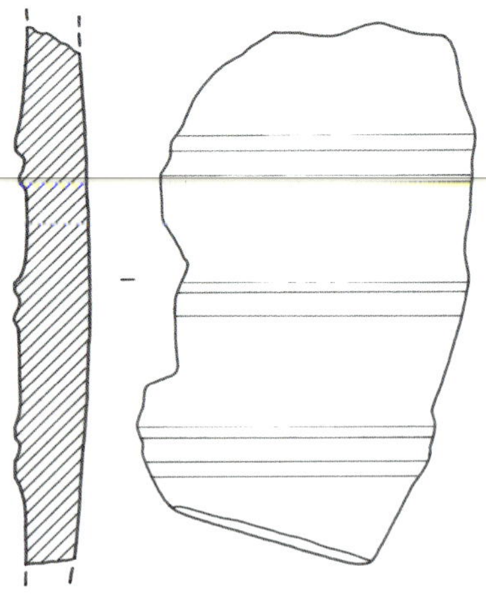

2017ZWT4:338 及线图

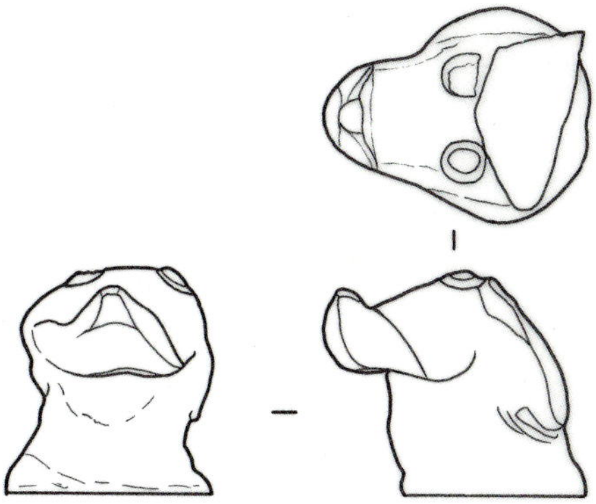

动物陶塑 18ZWT5 ② :16 及线图

（二）瓷器

瓷器是洲尾遗址出土数量仅次于陶器的物品。从现有出土情况来看，涉及碗、盏、碟、盘、洗、杯、钵、瓶、罐、炉、盆、盂、豆、器盖等器形，包括青瓷、青白瓷、青花瓷等种类，来源于浙江、福建、江西、广东、广西等地区及越南的多个窑口。下面按器形选取部分略作介绍。

1. 碗

碗是洲尾遗址出土瓷器中数量最多的器形，至少占 65%。常见口沿有撇口、敞口、花口、折沿等，足有圈足、饼足、卧足等，釉色包括青釉、青黄釉、黄釉、酱釉、白釉等，有少量青花出现。

18ZWT1①:1　残件。敞口，斜腹，饼足。施青釉，内底有多个刮釉泥片垫烧痕，外部施釉不及底，足底无釉。胎质疏松，胎色灰中带黄。釉色青黄，釉面有细密开片纹。高 6 厘米，底径 7 厘米。

2019ZWT3②:43　残件。撇口，弧腹。施青釉，外部施釉不及底。灰胎，胎质疏松，厚壁厚底。釉色青中泛黄，釉层玻璃质感强，有细密开片。残高 4.7 厘米，残宽 8.6 厘米。

2017ZWC:102　残片。饼足，灰胎。施青釉，内底釉色浅青，釉面有细密开片纹。外部施釉不及底，足底无釉。残高 2.7 厘米，底径 5.6 厘米。

2019ZWT1②:306　残件。弧腹，玉璧底。施青釉，内底有多个刮釉泥片垫烧痕，外部施釉不及底，足底无釉。白胎，胎质疏松，厚壁厚底。釉色青黄，釉层不均，有细密开片。残高 3.6 厘米，底径 7 厘米。

18ZWT4③:1　残件。敞口，深腹，饼足。施青釉，内底有多个垫烧痕但未刮釉，外部施釉不及底，足底无釉。灰白胎，胎质疏松，厚壁厚底。釉色偏黄，釉面有细密开片。高 4 厘米，口径 9.6 厘米，底径 4.3 厘米。

2019ZWT3②:27　残件。敞口，斜弧深腹，圈足。灰白胎。施青色厚釉，色泽均匀，釉面有开片。内部素面，外饰莲瓣纹。残高 5.6 厘米，残宽 16 厘米。

18ZWT8K5:59　残件。口微敛，弧腹，小圈足。内部素面，外饰莲瓣纹。内外施青釉，圈足外墙及底部施釉且外足心略凸，足端无釉有修痕。釉色青中略暗，釉面有开片。胎体断面为灰白色，足端露胎呈浅褐色。高 4.5 厘米，底径 3.1 厘米。

18ZWC:37　残片。花口，弧腹。内外刻花卉纹。灰白胎，施青釉，釉层均匀，釉色青翠，釉面光亮。残高 6 厘米，残宽 11.7 厘米。

2019ZWT1②:10　残件。花口，深弧腹，圈足。灰胎，施青釉，釉层均匀且较薄，釉色莹润。圈足外墙有釉，足端及底部无釉呈褐色。内饰印花莲宝纹，器外凹进十数条棱线将碗分成花瓣形。高 6 厘米，口径 16.5 厘米，底径 5.6 厘米。

18ZWH2:3　残件。敞口，斜弧腹，圈足。疏松灰白胎，施青釉，釉色青中带浅黄，釉面有细密开片。内部素面，外壁满饰菊瓣纹。圈足外墙有聚釉，足端及底部无釉露灰白胎。高 5.4 厘米，口径 12.5 厘米，底径 3.5 厘米。

2019ZWT4②:12　残件。花口，深弧腹，圈足。通体施青釉，釉层均匀。内底有涩圈，内底及内壁饰刻水草纹，外壁素面。圈足外墙有聚釉，足端及底部无釉露灰白胎。外足心略凸，底部有旋纹。高 6 厘米，口径 15.9 厘米，底径 5 厘米。

2019ZWT2②:7　残件。撇口，弧腹，圈足。通体施青釉，釉面有细密开片。内底有涩圈呈灰色，内壁有道弦纹。外壁素面，圈足外墙局部有釉，足端及底部无釉呈灰色。高 4.1 厘米，口径 16.2 厘米，底径 5.6 厘米。

18ZWC:4　残件。敞口，深弧腹，圈足。胎体厚重，施青釉，釉面有细密开片。内底有多个疑似支烧痕，内外壁各有两道弦纹。圈足外墙施釉，足端局部带釉，底部无釉呈灰色。高 6.3 厘米，底径 6.1 厘米。

2019ZWT3②:56　残件。撇口，深弧腹，圈足。施青釉，局部釉面不均匀，釉色浅黄。胎色灰白，胎质疏松。内底有涩圈，器内饰印花菊花纹。外部素面，施釉不及底，器外底部及足露胎，呈灰白色。高 6.7 厘米，口径 18.1 厘米，底径 6.4 厘米。

18ZWT8K5:12　残件。撇口，深弧腹，圈足。施青釉，釉色暗黄。胎为灰色，胎质疏松。内底有叠烧粘连痕，器内饰印花菊花纹。外部素面，施釉不及底，器外底部及足露胎，呈灰色。高 6.3 厘米，底径 6.6 厘米。

2017ZWT4:70　残件。弧腹，矮圈足。施青釉，釉色呈黄褐色，釉面有细密开片。厚壁厚底，胎为浅黄色。内底与壁之间有一道弦纹，内壁饰莲瓣纹。外部素面，圈足及底部不施釉。残高 3 厘米，残宽 16 厘米，底径 9.9 厘米。

18ZWC:16　残件。弧腹，卧足。胎色灰白，胎质疏松。施仿钧釉，釉色白中泛青透紫，釉面有细密开片。残高 4 厘米，底径 6.2 厘米。

18ZWT8K5:21 残件。撇口，深弧腹，圈足。施青釉，釉色浅黄。胎色灰白，胎质疏松。内底有 5 个支钉痕，器内饰印花缠枝菊花纹。外部素面，近底有弦纹，施釉不及底，器外底部及足露胎，呈灰白色。高 6.6 厘米，口径 18.2 厘米，底径 6.2 厘米。

18ZWT3K1:2 残件。花口，深弧腹，圈足。施青釉，釉色青中泛白，全器素面无纹。胎色灰白，胎质疏松。内底有多个支钉痕，外底中心凸起周边有弦纹，其与足露胎呈灰白色。高 6.3 厘米，口径 16.6 厘米，底径 6.7 厘米。

18ZWC:31 残件。斜弧腹，饼形小圈足。通体施青釉，釉色青中泛黄，釉面光亮，玻璃质感强。内底中心饰菊纹，有 5 个支钉痕，内壁为印花花卉纹。外壁素面，足外墙局部带釉，足端及底部无釉。残高 4.5 厘米，底径 7 厘米。

18ZWT8K5:24 残件。深弧腹，圈足。通体施青釉，釉为茶叶末色，釉层不均。胎色浅灰，胎质疏松。内底中心有凸起气泡痕，另有叠烧粘连痕，内壁饰印花花卉纹。外部素面，施釉不及底，器外底部及足露胎，外壁近足处有明显流釉现象。残高 5.2 厘米，底径 6.6 厘米。

18ZWC:11 残件。微敛口，浅弧腹，圈足。通体施青釉，灰白胎。内部素面无纹，外饰莲瓣纹。圈足外墙施釉，足端露胎，外底呈红褐色。高 5 厘米，底径 4.5 厘米。

18ZWT6②:1 残件。敞口，深腹，矮饼足。胎色灰白，胎质疏松。通体施青釉，釉色青中微黄，釉层不均，釉面有细密开片。内外素面无纹，内底有 5 个支钉痕。足心内凹，足底无釉。高 7.9 厘米，口径 16.3 厘米，底径 7 厘米。

2019ZWT3②:30 残件。敛口，深腹，饼足。胎色灰白，胎质疏松。内外施青釉，釉色青黄，釉面有密集开片，釉层不均。全器素面无纹，内底聚釉，釉色变深，有 5 个支钉痕。外壁施釉不及底，足壁局部有流釉聚集。足底微内凹，无釉，有旋纹及刮削痕。高 10.7 厘米，口径 17.8 厘米，底径 9.6 厘米。

18ZWT5②:3 残件。花口，深腹，圈足。灰白胎，青白釉，釉层不均，集釉处泛青。内部近底有印花装饰，内底有支钉痕。器外素面无纹，圈足外墙局部有釉，足端及外底无釉，圈足内墙及底呈红褐色。高 8 厘米，底径 6 厘米。

2017ZWT4:130 残片。撇口，弧腹。灰白胎，胎质细腻，青花釉色较暗。内部近底有一道青花弦纹，内外壁近口沿处分别有两道青花弦纹，其间饰卷草纹（外壁弦纹间距及卷草纹更大）。残高 6 厘米，残宽 12.2 厘米。

18ZWC:44　残片。圈足，弧腹。白胎，胎质细腻。青花釉色微微泛青，釉层厚薄均匀，玻璃质感强。内底及外壁绘三果纹，内外壁近底有青花弦纹，圈足外墙另有两道青花弦纹。足端无釉，外底部及圈足内外墙满釉。残高 2.3 厘米，底径 6 厘米。

18ZWT8K5:101　残片。白胎，胎质细腻。通体施青白釉，釉色青中泛白，釉层厚薄均匀，釉面光亮无开片。内外饰莲纹。残宽 10 厘米，残高 3.2 厘米。

2017ZWT4:18　残片。圈足，足内墙外撇。青灰胎，内外施青釉，釉层开片。内底无釉露胎，刻有桃子纹样，中间有“国器”二字。外底无釉露胎，中间凸起，圈足内外墙满釉。残高 2.7 厘米，底径 6 厘米。

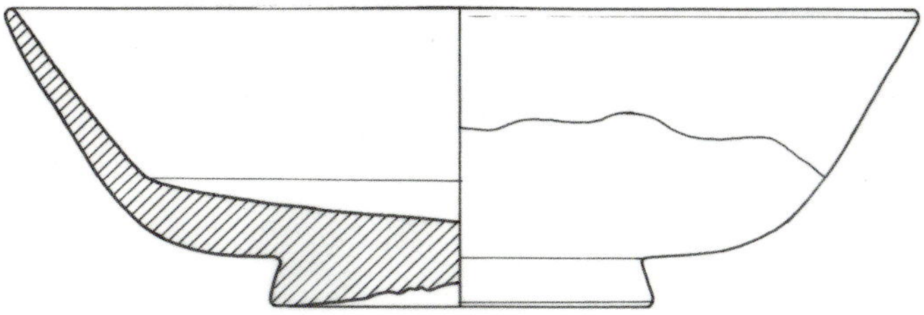

碗 18ZWT1 ①:1 及线图

碗 2019ZWT3 ② :43

碗 2017ZWC:102

碗 2019ZWT1 ② :306

碗 18ZWT4 ③ :1 及线图

碗 2019ZWT3 ② :27 及线图

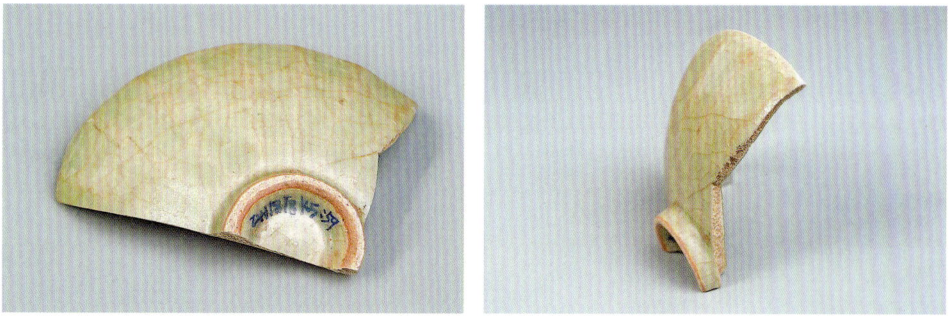

碗 18ZWT8K5:59

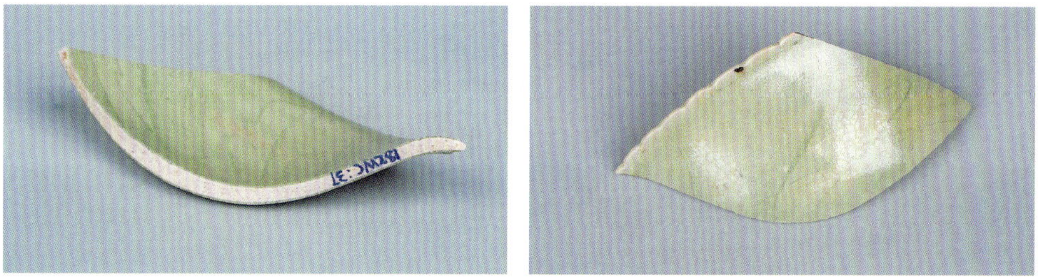

碗 18ZWC:37

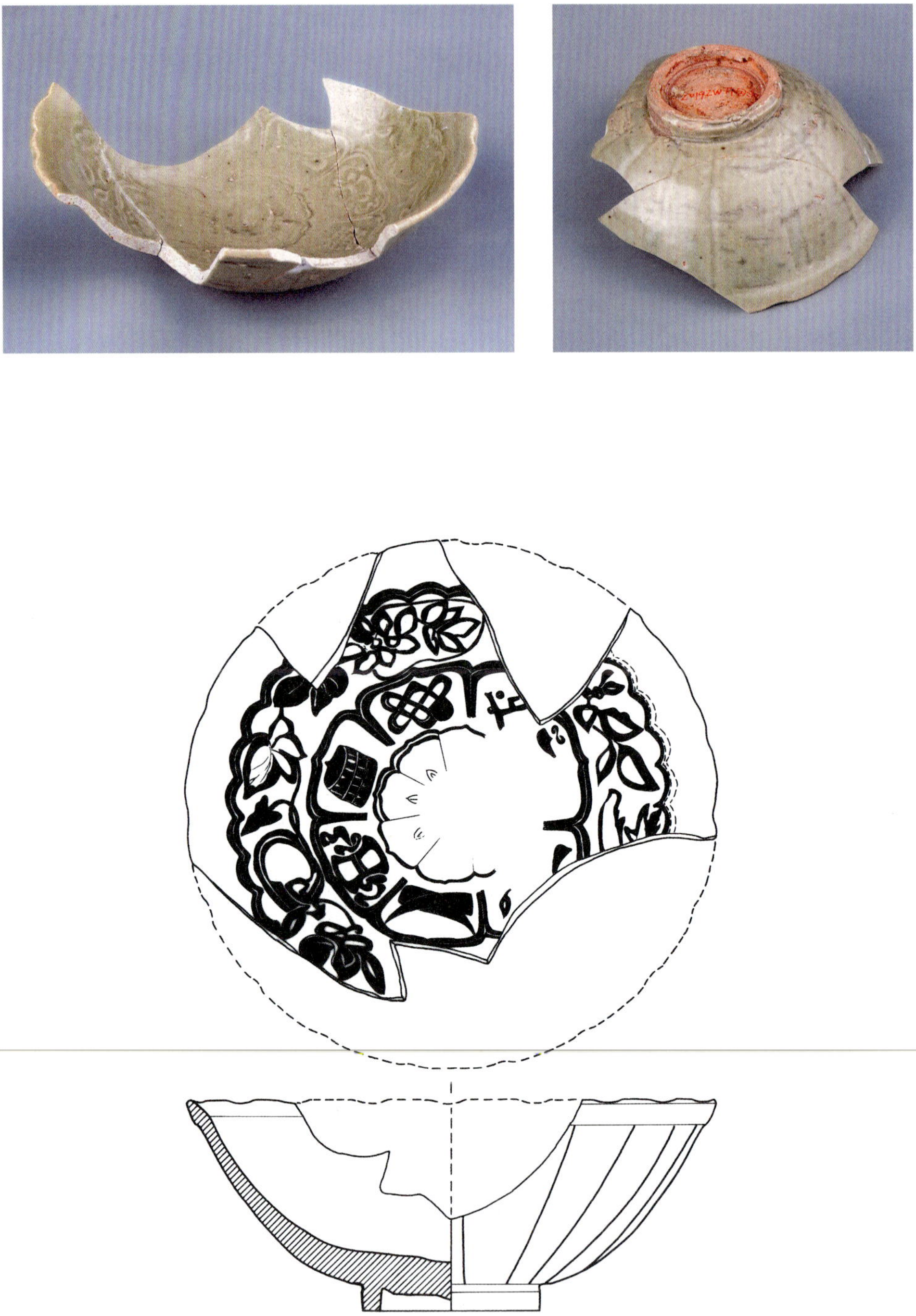

碗 2019ZWT1 ② :10 及线图

碗 18ZWH2:3 及线图

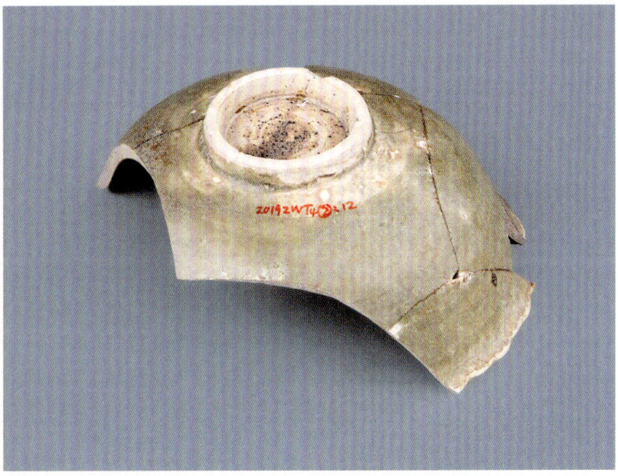

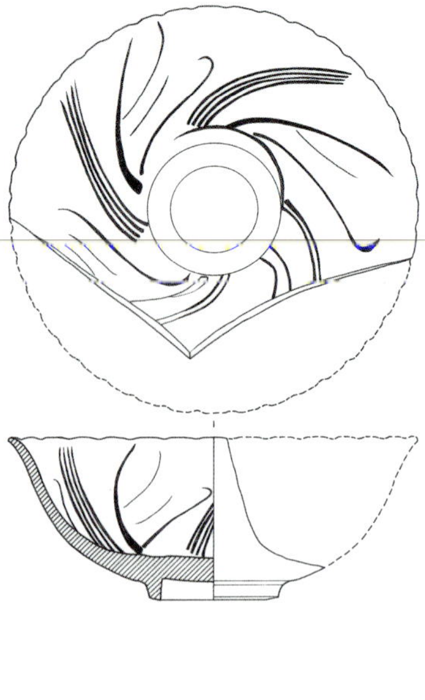

碗 2019ZWT4 ② :12 及线图

碗 2019ZWT2 ②:7 及线图

碗 18ZWC:4 及线图

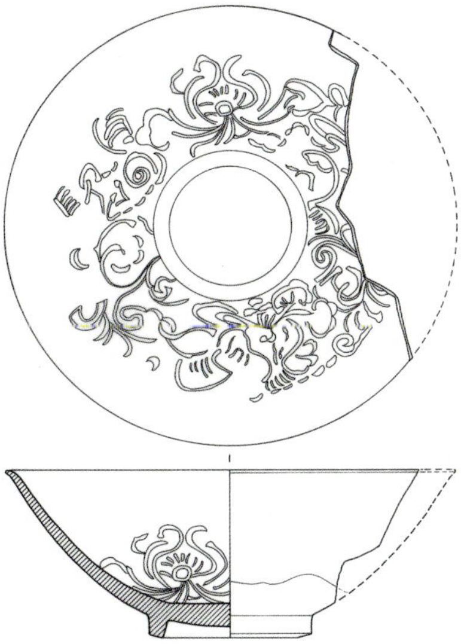

碗 2019ZWT3 ②:56 及线图

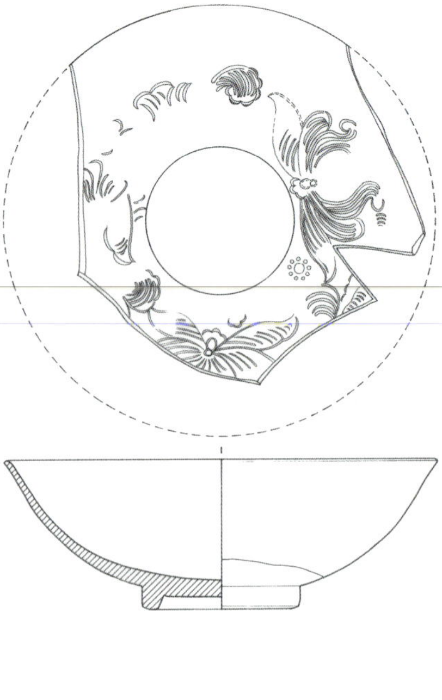

碗 18ZWT8K5:12 及线图

碗 2017ZWT4:70

碗 18ZWC:16 及线图

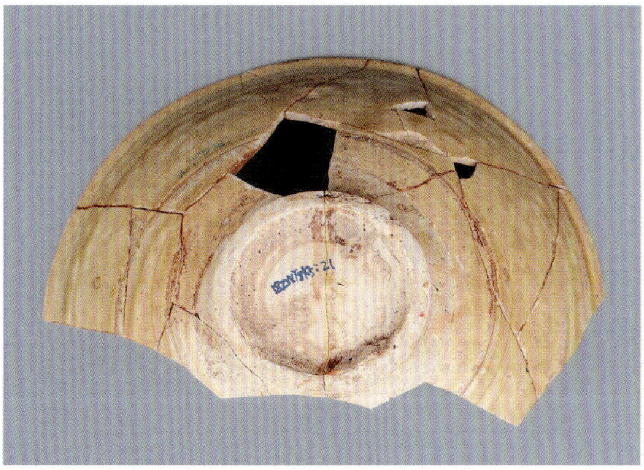

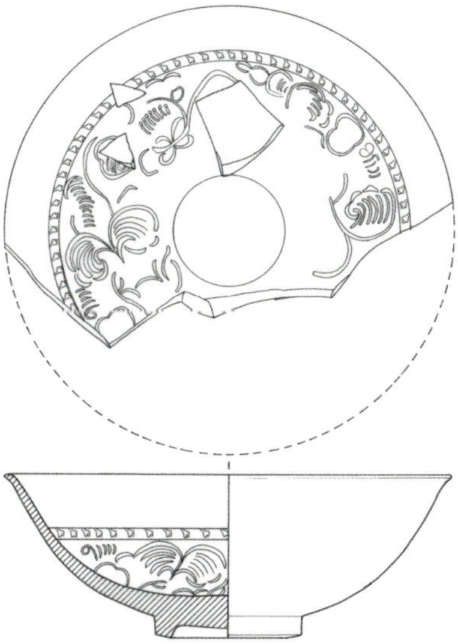

碗 18ZWT8K5:21 及线图

碗 18ZWT3K1:2 及线图

碗 18ZWC:31

碗 18ZWT8K5:24

碗 18ZWC:11

碗 18ZWT6 ② :1

碗 2019ZWT3 ② :30

碗 18ZWT5 ② :3

碗 2017ZWT4:130 及线图

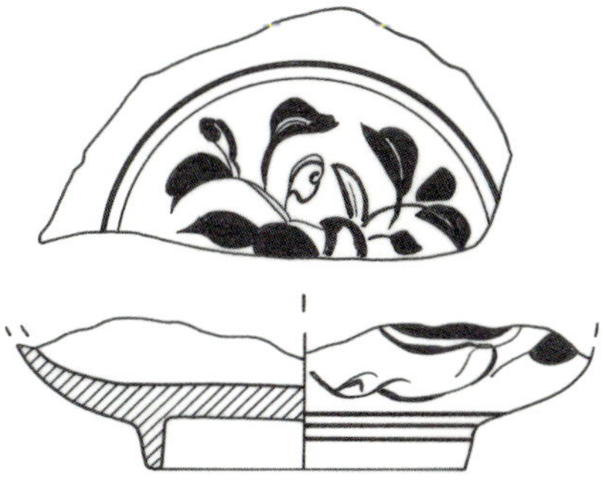

碗 18ZWC:44 及线图

碗 18ZWT8K5:101

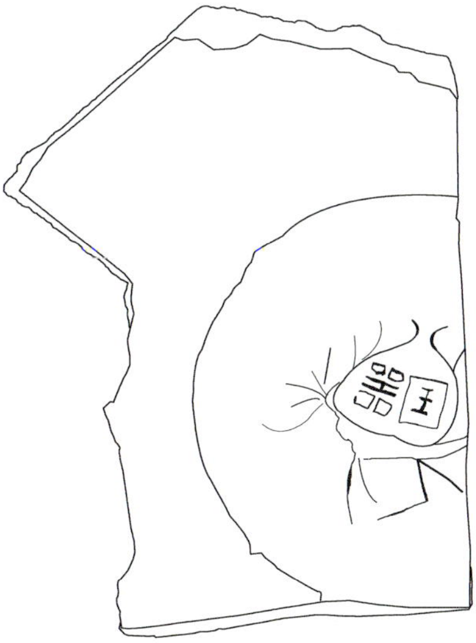

碗 2017ZWT4:18 及线图

2. 盏

18ZWT6②:22　残件。敞口，斜腹，圈足。内施青釉，外施酱釉，内外素面无纹。内部釉面有开片，内底有支钉痕。圈足外墙有酱釉，足端及外底无釉露灰白色胎。高 3.6 厘米，底径 5.2 厘米。

2019ZWC:1　残件。敞口，微束颈，斜直腹，圈足。灰胎，内外施黑釉，外壁施釉不及底，外底部及足露胎。内底至口沿绘金彩放射状线条，内壁有“寿”“福”等可辨描金文字。高 5.2 厘米，口径 10.8 厘米，底径 3.8 厘米。

3. 碟

18ZWT8K5:36　残件。敞口，浅弧腹，卧足。胎色灰白，胎质疏松。通体施青釉，釉层厚薄不均，釉色偏黄。底足无釉，中心内凹，有刮削痕。高 2 厘米，口径 10.5 厘米，底径 4.6 厘米。

2019ZWT4②:7　残件。敞口，浅弧腹，卧足。胎色灰白，胎质疏松。通体施青釉，釉层厚薄不均，釉色青中带浅黄，釉面光亮有细密开片。内底有多处疑似支垫粘连痕，外壁口沿与腹间有折痕。底足无釉不平整，有刮削痕。高 2.4 厘米，口径 11.2 厘米，底径 5.2 厘米。

2017ZW:3　残件。花口，斜弧腹，圈足。胎色灰白。通体施青白釉，釉层厚薄不均，釉面光亮有细密开片。内底有 5 个支钉痕，内壁有模糊印花装饰。外壁素面，足端及外底无釉，底部呈红褐色。高 3.3 厘米，口径 14.9 厘米，底径 5.4 厘米。

18ZWT8K5:9　残件。敞口，浅弧腹，圈足。灰胎，断壁有凸起气泡痕。施青釉，釉层不均，釉色青中泛黄。内底有涩圈，内壁饰莲纹。外部素面，施釉不及底，近底、圈足、外底等部分露胎。高 4 厘米，口径 15 厘米，底径 5.8 厘米。

18ZWC:10　残件。撇口，折沿，浅斜腹，圈足。胎色灰白，青花釉色灰暗。内底有涩圈，内底心有一圈青花带，内壁有多道青花弦纹。外壁口沿下及近底处分别饰有青花弦纹，其间有花瓣纹环饰。高 3.3 厘米，底径 6 厘米。

18ZWC:24　残件。敞口，浅斜腹，圈足。胎色浅灰，胎体断面有气孔。施青釉，釉色青中泛浅黄，釉面有开片。内部素面，外壁口沿下有弦纹，弦纹下饰菊瓣纹。圈足外墙有釉，足端及外底无釉，足端有刮削痕。内底心外凸有旋纹，外底及圈足内墙呈褐色。高 2.7 厘米，底径 4.2 厘米。

4. 盘

18ZWT8K5:39 残件。敞口，斜腹，卧足。胎色灰白，胎质疏松，厚壁厚底。施青釉，釉层厚薄不均且易脱落，釉色青黄，釉面有细密开片。内底有多个刮釉泥片垫烧痕，外壁施釉不及底，近底和底足部分露胎，足心有扣挖凹痕且附有较多沙粒。高 3.6 厘米，口径 14.6 厘米，底径 7 厘米。

18ZWT6②:11 残片。折沿，弧腹。胎色灰白，细腻。施粉青釉，釉层均匀，釉色匀净润泽。残高 2.8 厘米，残宽 9.3 厘米。

2017ZWT4:300 残片。圆唇，折沿，弧腹。灰胎，施青釉，釉层均匀，釉色呈青黄色。内壁饰菊瓣纹，外壁素面。残高 2.9 厘米，残宽 6 厘米。

18ZWT6②:16 残片。折沿，弧腹。胎色灰白，施青釉，釉色青翠，釉面光亮有开片，玻璃质感强。盘沿自内向外呈弧线上扬，形成凹槽并有绿色的较厚聚釉。残高 2.7 厘米，残宽 7.2 厘米。

2017ZWT4:391 残片。折沿，弧腹。胎色浅灰，施青釉，釉色深黄偏暗，釉层有细密开片。口沿以下内壁饰印花菊瓣纹。残高 2.2 厘米，残宽 7 厘米。

2017ZWT4:141 残片。折沿，沿边做花口，弧腹。灰胎，胎质细腻。施青釉，釉层均匀，釉色青中略黄。口沿以下内壁饰印花菊瓣纹。残高 3.1 厘米，残宽 6.9 厘米。

18ZWT8K5:76 残件。敞口，折沿，斜弧腹，圈足。施青釉，釉色青黄，釉层有开片，胎釉结合差。通体素面，内底有 5 个支钉痕，圈足及外底部未施釉。高 5 厘米，口径 20.4 厘米，底径 7.6 厘米。

盏 18ZWT6 ② :22

盏 2019ZWC:1 及线图

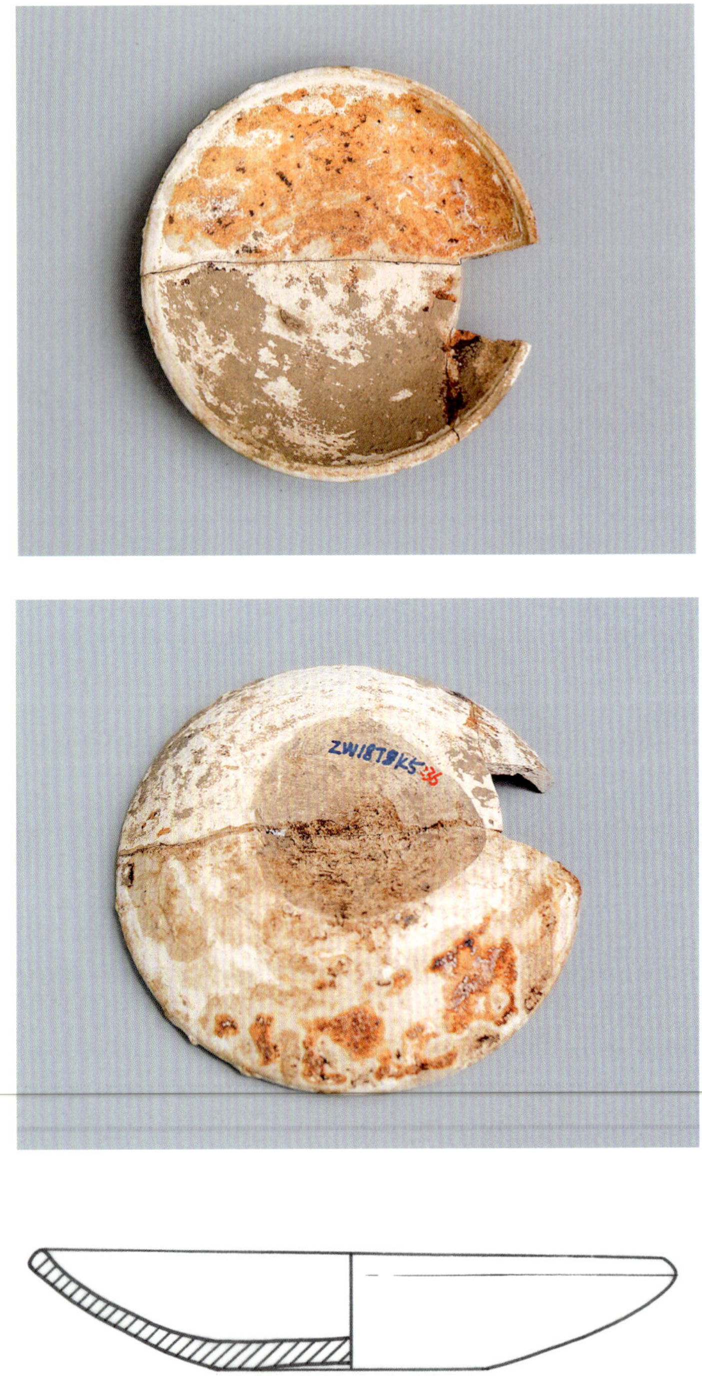

碟 18ZWT8K5:36 及线图

碟 2019ZWT4 ② :7 及线图

碟 2017ZW:3 及线图

碟 18ZWT8K5:9

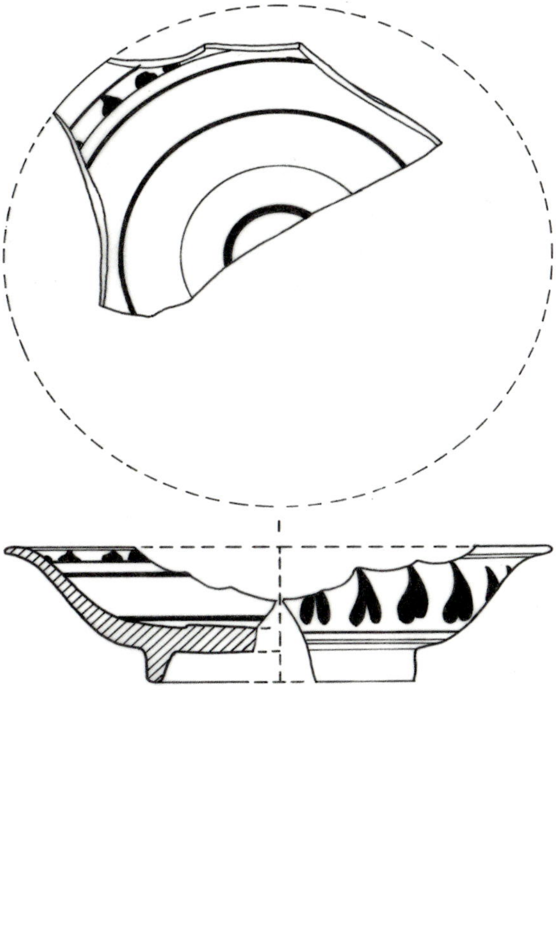

碟 18ZWC:10 及线图

碟 18ZWC:24

盘 18ZWT8K5:39 及线图

盘 18ZWT6 ② :11

盘 2017ZWT4:300

盘 18ZWT6 ② :16

盘 2017ZWT4:391

盘 2017ZWT4:141

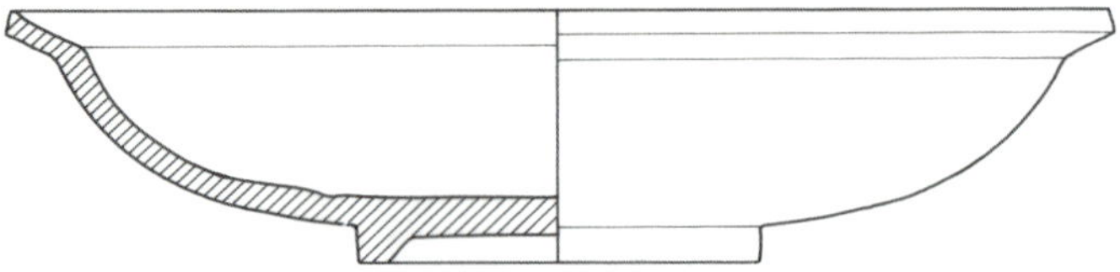

盘 18ZWT8K5:76 及线图

5. 洗

18ZWT8K5:4　残件。敞口，折沿，浅腹，圈足。灰胎，胎质细腻。内部素面，外饰莲瓣纹。内外施青釉，圈足外墙及底部施釉且外足心凸起，足端无釉有修痕。釉色青翠、匀净。高 3.6 厘米，口径 12.6 厘米，底径 5 厘米。

2017ZWT4:425　残件。敞口，折沿，弧腹，圈足。灰胎，胎质细腻。施青釉，釉层厚重，釉面有开片，釉色暗绿。内外素面，除圈足足端外，通体满釉。高 3.8 厘米，残宽 8 厘米。

6. 杯

2019ZWT1②:15　残件。撇口，弧腹，圈足。残断面胎色灰白，胎质疏松，壁及底较厚。内外施酱釉，有斑点，外部施釉不及底，近底、圈足、外底露胎。高 4.3 厘米，口径 7.8 厘米，底径 4.5 厘米。

18ZWT6:2　残件。撇口，弧腹，圈足。白胎，胎薄而细腻。青花釉面匀净平整，釉色微泛青。内底饰折枝菊花纹，内壁近口沿处饰一周卷草纹。外壁饰一周折枝菊花纹，圈足足端及外底露白色胎。高 4.4 厘米，口径 7.6 厘米，底径 2.8 厘米。

2017ZWC:100　残片。白胎，胎质细腻。青花釉面莹润，釉色泛青。上部杯身缺失，杯内底饰菊花纹，高足式把柄有竹节凸棱。残高 3 厘米，残宽 2.6 厘米。

18ZWT10①:10　残片。撇口，斜直腹。白胎，胎质细腻。外施霁蓝釉，内施青釉。胎体较薄，釉层均匀，釉面光亮。残高 4 厘米，残宽 5 厘米。

7. 钵

2019ZWT3②:24　残件。束口，弧腹，卧足。胎色灰白，胎质疏松。施青釉，釉层不均，釉面光亮有细密开片，釉色青白。通体素面，内底有支钉痕，外壁近底有弦纹，底足无釉有刮削痕。高 4.3 厘米，口径 12.1 厘米，底径 5.2 厘米。

18ZWT8K5:41　残件。微撇口，颈微束，鼓腹，卧足。薄胎，胎体断面呈浅黄色。内外施褐色釉，底足露胎微内凹有刮削痕。高 4 厘米，口径 9 厘米，底径 4.6 厘米。

洗 18ZWT8K5:4 及线图

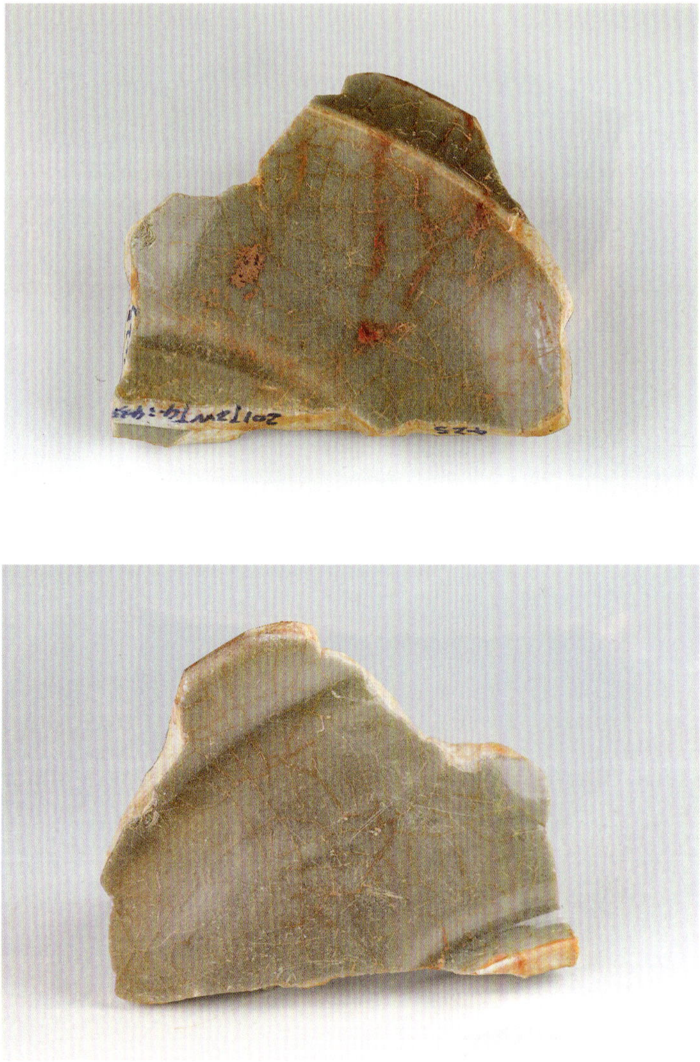

洗 2017ZWT4:425

钵 2019ZWT3 ②:24

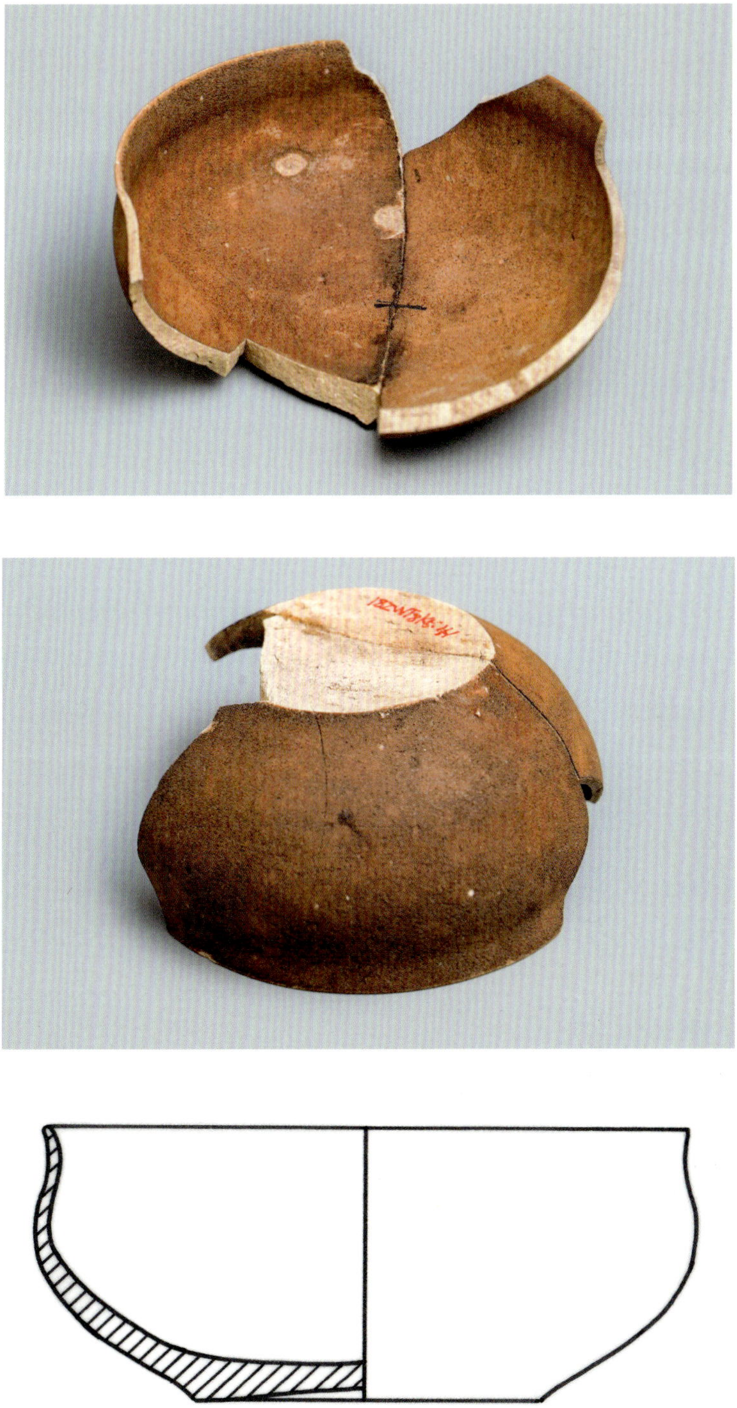

钵 18ZWT8K5:41 及线图

8. 瓶

18ZWT8K5:67　残件。深腹，二台足。灰白胎，胎体断面有气孔，厚壁厚底。施青釉，釉层不均匀，釉面有细密开片，釉色青中泛黄。内底及内壁施釉，内壁有明显拉坯痕。外腹底端有弦纹。两台足中，外层足悬空，足墙施釉；内足支撑，足墙及底无釉。外底有旋纹，中心点外凸。残高 7 厘米，底径 6.2 厘米。

9. 罐

18ZWC:5　残片。敞口，宽沿，直弧腹。厚胎，胎色灰白。沿面无釉，内施青釉，外施酱釉。内青釉泛黄，釉面有细密开片。口沿下外壁有两道凸弦纹，中间饰花卉贴塑。残高 8.6 厘米，残宽 7.8 厘米。

18ZWT7②:8　残片。敞口微敛，圆唇，弧腹。胎色灰白，胎体断面有多处凸起气泡。施青釉，釉层不均匀，釉面有细密开片，釉色青中泛黄。内部素面，口沿下外壁有凹弦纹并饰点褐彩，其下为褐彩花卉纹装饰。残高 7.5 厘米，残宽 13.6 厘米。

2017ZWT4:426　残片。直口，短颈，丰肩。灰胎，施青釉，釉层均匀，釉色粉青，釉面有开片。内部素面，外饰条纹。残高 5.4 厘米，残宽 3.8 厘米。

2019ZWC:18　残片。口微敛，鼓腹。厚壁，灰色胎。通体施青釉，釉层均匀，釉面光亮，釉色青中带黄。内部素面，外口沿下饰鼓钉一周，腹中部贴塑折枝花卉。残高 9 厘米，残宽 7.2 厘米。

2017ZWT2:1　残件。深腹，平底。胎色灰白，厚壁厚底。施青釉，釉层不均匀，釉面有细密开片，釉色青黄。内底有青色积釉，外壁饰填褐彩线条，外底平整无釉。残高 11 厘米，底径 30 厘米。

10. 炉

18ZWT6②:31　残件。撇口，束颈，弧腹。胎色灰白，内施青釉，外施酱釉。内外素面，釉面有开片，器内青釉泛白，玻璃质感强。残高 3 厘米，残宽 7.2 厘米。

18ZWC:111　残件。鼓腹，圈足。胎色灰白，厚壁厚底。施青釉，釉层较厚但不均匀，釉面光亮有细密开片，玻璃质感强。内外素面。圈足外墙与器壁形成斜面连接，内墙与外底垂直。圈足外墙带釉，足端、内墙及外底无釉。外底平整有旋纹，呈褐色。残高 5.5 厘米，底径 7 厘米。

瓶 18ZWT8K5:67

罐 18ZWC:5

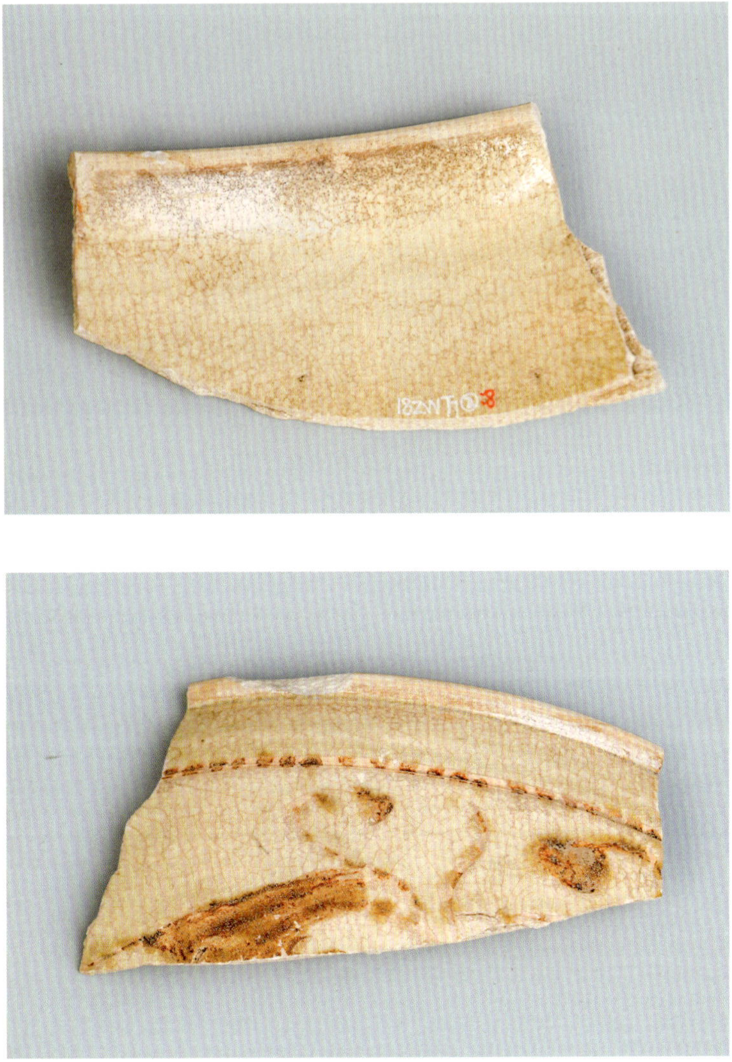

罐 18ZWT7 ② :8

罐 2017ZWT4:426

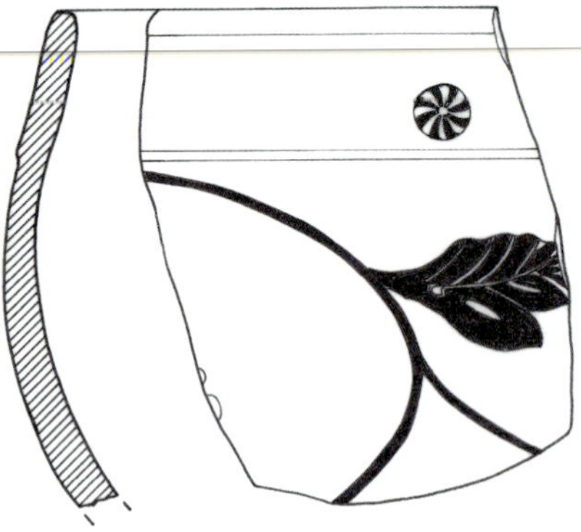

罐 2019ZWC:18 及线图

罐 2017ZWT2:1

炉 18ZWT6 ② :31

炉 18ZWC:111

11. 盆

2019ZWT3①:73　残件。撇口，卷沿，弧腹，平底。胎色灰白，厚底。内外施青釉，釉面有细密开片。器内素面，内底有支钉痕。外底露胎无釉，较平整，外壁饰填褐彩花卉纹。器高 13 厘米，残底径 8.8 厘米，底厚 0.9 厘米。

2019ZWT3②:31　残件。撇口，弧腹，平底。胎色灰白，厚胎，厚底。内外施青釉，釉色偏黄，釉层不均，胎釉结合不紧密，易脱落。内底满釉，外壁施半釉。外底平整，无釉。高 13 厘米，口径 26 厘米，底径 19.6 厘米。

12. 盂

18ZWC:3　残件。撇口，微束颈，腹略鼓，卧足。灰胎，施青釉，釉色暗黄并夹有黑色斑点。内外素面，底足不施釉，有刮削痕。高 2.2 厘米，口径 7 厘米，底径 4.8 厘米。

13. 豆

2019ZWT3②:32　残件。喇叭形矮圈足。胎色灰白，胎质疏松。施青釉，釉层不均匀，釉面有细密开片，釉色呈青黄。圈足外墙局部有流釉，足端及外底不施釉。残高 3.3 厘米，残宽 8.2 厘米。

14. 器盖

18ZWT8K5:40　残件。盖顶为玉璧形平面，无钮。顶以下呈弧面，盖沿较宽且外撇微上卷，口沿有一周凹槽。外侧施青釉，釉面有细密开片，釉色青中泛黄。内部不施釉，露灰白色胎，有细密旋纹。盖高 3.5 厘米，口径 19.6 厘米。

2019ZWT2②:8　残件。盖顶中心为小平面，其余为半球面，饰菊瓣纹，无钮。顶以下微弧，盖沿为起伏平缓的荷叶状，宽盖沿。灰白色胎，除盖沿露胎外，内外施青釉，釉面有细密开片，釉色近亚光粉青。盖高 3.6 厘米，外口径 18.6 厘米，内口径 11.2 厘米。

盆 2019ZWT3 ①:73

盆 2019ZWT3 ② :31

盂 18ZWC:3 及线图

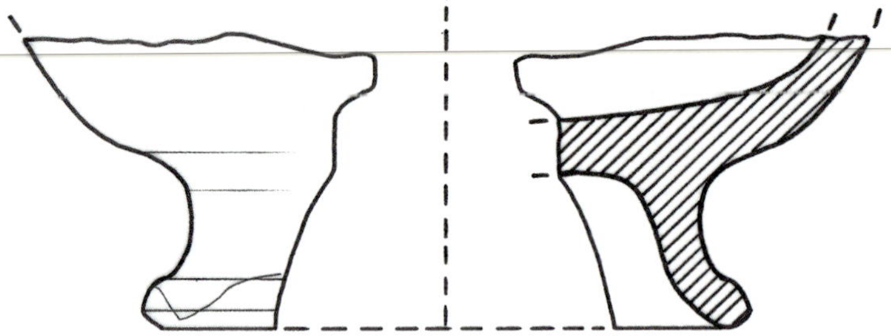

豆 2019ZWT3 ② :32 及线图

器盖 18ZWT8K5:40 及线图

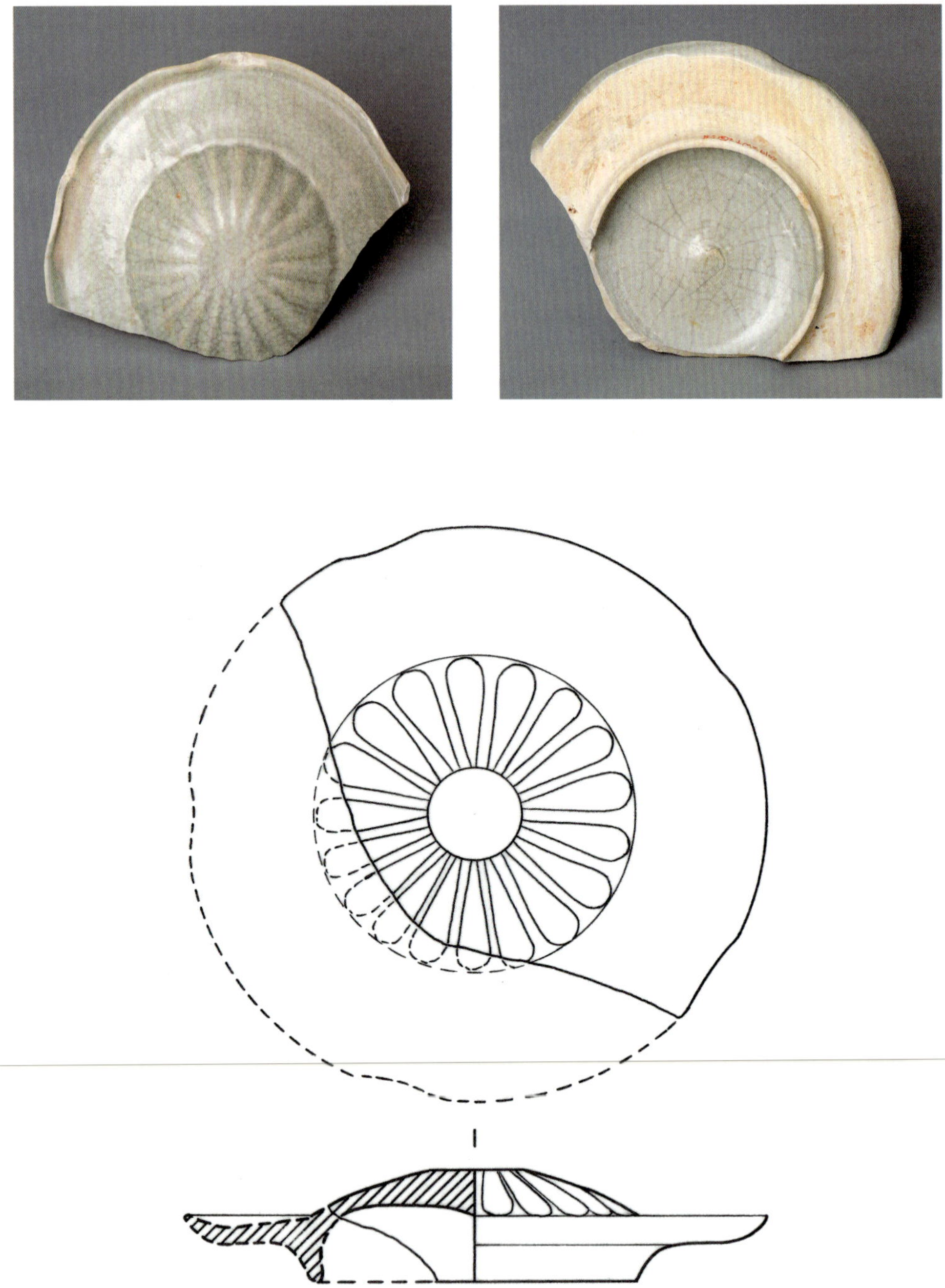

器盖 2019ZWT2 ② :8 及线图

（三）金属器

除陶瓷器外，洲尾遗址还有钱币、炊具残片、铁钉等金属质的一批物品出土。

1. 铜钱

2018 年洲尾遗址零散出土了数十枚铜钱，铜钱出土于不同探方，以一至数枚零星形式伴随陶瓷、金属器残件等共同出土。因长期埋于地下，多数铜钱损坏严重，仅有少数可辨认，有熙宁元宝、熙宁重宝、元祐通宝、圣宋元宝、崇宁重宝等。

熙宁元宝：直径 2.3 厘米。

熙宁重宝：直径 3.2 厘米，重 5 克。

元祐通宝：直径 2.4 厘米。

圣宋元宝：直径 2.5 厘米。

崇宁重宝：直径 3.4 厘米，重 5 克。

熙宁元宝

熙宁重宝

元祐通宝

圣宋元宝

崇宁重宝

2. 炊具残件

铜锅残片　试掘中有多块铜锅残片出土。初步认定其为口沿部残片，折沿，薄壁，厚度为 0.1 ~ 0.2 厘米。下图展示的一块残片长 11.8 厘米，宽 5.2 厘米，外壁有较厚烟炱痕。

器耳　耳身呈 U 形，横截面为实心圆形，与器身衔接的两口弧张。高 3.8 厘米，宽 5.6 厘米。

铜锅残片

器耳

3. 铁钉

共有 4 枚铁钉出土，其大小、形状相近。其中一枚长 9.5 厘米，最宽处 2.3 厘米，整体呈锥形，横截面呈梯形。

4. 铜环

形似手镯，椭圆形，环身呈扭绳状，长 5.4 厘米，宽 4 厘米，横截面为实心微扁圆形，直径约 0.7 厘米。

5. 铜杈

塔形，共 7 层，中间一层突出，顶部为扁圆形，有圆孔。高 3.4 厘米，底径 1.7 厘米。

铁钉

铜环

铜权

6. 短刀

铁刀　单刃，直柄。自柄起刀身渐宽，近刀尖处最宽并斜收成锋。残长 16.6 厘米，其中柄长 3.3 厘米。刀身最窄处为 2.3 厘米，最宽处为 3.6 厘米。重 105 克。

铜尖刀　无柄，刀身扁直，至端双面收尖。残长 7.9 厘米，宽 1 厘米，厚 0.3 厘米。

铁刀

铜尖刀

7. 铜针

共出土铜针 3 根，长分别为 4 厘米、3.4 厘米、2.6 厘米。其中，最长一根的一端为针尖状，另一端略弯折，针身微偏。其余两根两端均为针尖状，针尖锋利。

8. 银质物

在 2018 年和 2019 年开展的探方试掘中，共有 5 件银质物品出土，包括 2 件不规则块状物和 3 件条形物。其中，条形物为扁圆状，一侧有凹槽。

铜针

银质物

（四）其他遗迹、遗物

1. 建筑、道路遗迹

除上述物品的出土外，在洲尾遗址多个探方中还发现了排列规则的柱洞，另有地砖、道路、水沟、灰坑等较为丰富的古代建筑和居民生活遗迹显现。此外，在试掘区域以外向海的虾塘底部发现规则分布的木桩遗迹。

出土地砖

虾塘底部遗存的木桩

连接海滩与陆地的道路遗迹

2. 动物骨骼

洲尾遗址出土有少量的动物骨骼。其中一件骨骼长 16 厘米、宽 7.6 厘米、厚 3 厘米，分为多层，且一端有大小不一、数颗成排的牙齿，疑为大象臼齿。

出土的动物骨骼

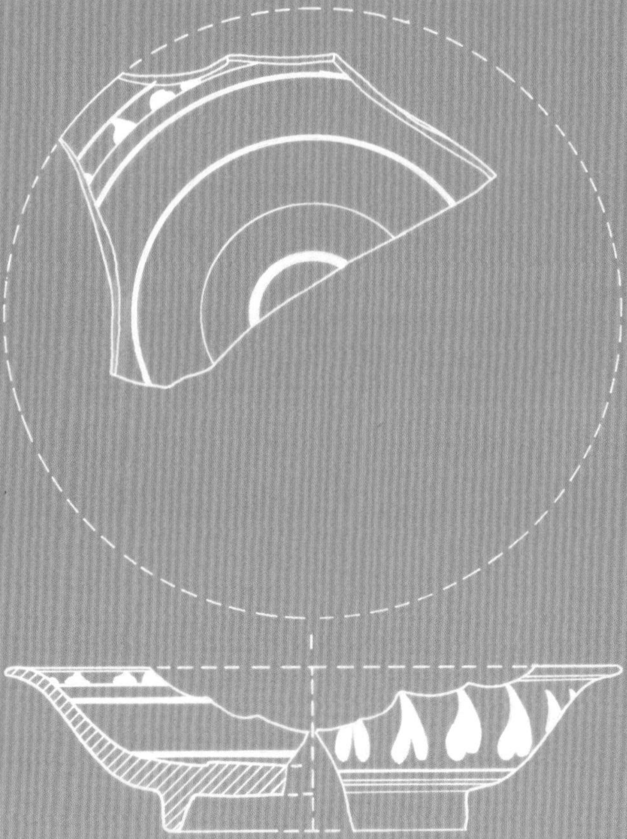

第二章 洲尾贸易场的提出

由于洲尾遗址陆续出土了大量陶瓷器，最初有专家猜测这里是陶瓷窑场遗址。但经多年调查，并未发现窑址，而出土陶瓷器涉及窑口广泛、品质不一，也排除了这种可能。随着出土物品种类的增多，特别是外销瓷、古钱币等与贸易相关物品的出土，以及港口、建筑遗迹的逐渐显现，我们可以认为洲尾遗址是一个贸易场的遗址。本章将围绕相关事实依据、现实可能等进行论述。

第一节 出土遗物、遗迹信息

一、出土瓷器信息

近年来，洲尾遗址出土的瓷器数量大、种类多，所包含的信息也较为丰富。从瓷器自身特征来说，包括青釉、青黄釉、黄釉、青白釉、酱釉、黑釉、青花、霁蓝釉等釉色瓷，涉及碗、盘、碟、杯、盏、罐、壶、瓶等器形，装饰上有刻划、模印、贴塑等手法。从年代判断，出土瓷器跨越唐、宋、元、明多个时期，并有少量清代青花瓷出现，其中，以宋元至明初时期瓷器为主，唐及明以后的瓷器占少数。从窑口来源而言，除部分瓷器目前暂时难以确定来源外，现确切可辨的至少有浙江龙泉窑、江西景德镇窑、广东雷州半岛雷州余下窑及遂溪新埠窑等青瓷窑群、广西北部湾沿岸合浦英罗窑及北海晚姑娘窑等青瓷窑群，以及越南青瓷窑等跨区域、跨国的多个窑口。其中，洲尾遗址出土的越南青瓷主要是仿中国龙泉窑、耀州窑两大窑系的产品。值得注意的是，不同窑口瓷器的出现具有一定的时代规律性。例如，出土的两广青瓷多为唐宋时期，龙泉窑青瓷以宋元时期为主，越南青瓷则多在元明时期，景德镇青花瓷多在明清时期，等等。从完缺程度上看，出土瓷器基本是残件。这些损坏的瓷器绝大多数没有明显的使用痕迹，当是运输途中受损而遭遗弃，仅有极少数出土于探方灰坑的瓷器可能具有使用痕迹。此外，出土的瓷器还具有一个显著特点，即同类产品重复率较高，成批出现。而瓷器的出土地点，除了遗址南北两侧平地及延伸向海滩的山丘坡脚，还有围海所建的虾塘底部及海滩。

根据以上信息，可初步推测：其一，洲尾遗址出土瓷器涉及窑口众多、跨越时间长，仿烧难度大，基本可排除防城港本地仿造的可能。其二，出土瓷器绝大多数没有使用痕迹，同类型产品成批出现，且多数属于各个窑口在不同时代的典型外销瓷器，例如，出土瓷器中有唐宋两广青瓷、宋元龙泉窑瓷、明清景德镇青花瓷等。综合这些特点，或可推断洲尾出土的瓷器主要用于贸易。灰坑中出土的少数具有使用痕迹的瓷器说明了此遗址存在古代居民居住的可能，这与贸易瓷之说并不矛盾，或可理解为交易市场人群日常生活中的使用及遗弃。其三，洲尾遗址中出土了数量较多的越南青瓷，一方面说明在当时的边境贸易中，部分越南商品流入中国市场的事实，反映了商品根据市场需要自由流动的规律；另一方面也在一定程度上说明了洲尾遗址曾作为古代商品集散、交易地点的可能。

二、出土金属器信息

洲尾遗址出土有铜、铁、银等质地的金属物品，包括钱币、炊具、权、刀、钉、针等种类。这些物品因长期埋于地下，不同程度地受到损坏，部分信息难以准确判断。但从现有遗存情况来看，我们仍可获得一些信息。

（一）出土铜钱所载信息

洲尾遗址出土的铜钱主要包括两部分：一是防城港市港口区沙港村村民骆力章发现的约 16 斤铜钱，经整理、鉴定，此批铜钱共包括 30 种，大部分为越南仿制的中国年号钱——俗称“水漂钱”；二是 2018—2019 年，防城港市博物馆开展试掘调查活动时零散出土的数十枚铜钱，这批铜钱有越南仿制的中国年号钱，也有熙宁重宝、崇宁重宝等中国钱币。从这两批铜钱中，可获得三个方面的信息：其一，较为丰富的铜钱出土，提示了洲尾遗址作为贸易场的可能性；其二，上至开元通宝、下到洪武通宝的年号钱的出土，一定程度上反映了该遗址的可能性时间跨度；其三，越南仿制钱的出现，一方面说明了中国钱币在当时海外贸易流通中的地位，另一方面也反映了钱币的混用流通现象及该遗址具有跨国贸易性质的可能。

（二）出土铜权及银质物品所载信息

铜权是与市场贸易关系密切的物品。洲尾遗址出土有铜权一件，不论其是作为商品还是服务于商品交易，均与市场贸易有着千丝万缕的联系。此外，在洲尾遗址还发现了两种银质物品，其中一种为一侧有凹槽的扁圆条形物，关于此类物品的性质、用途，目前尚不明确；另一种为不规则块状物，或为充当交换媒介的散银。这些物品的出现，进一步增强了该遗址作为商贸场所的可能。

（三）出土其他金属物品所载信息

除了银质物品，洲尾遗址出土的金属物品还有器耳、铜锅残片、铜尖刀、铜针、铁钉、铁刀等。这些物品中，除铜锅残片有明显的烟炱痕，可判断其为在该遗址活动人员的日常用品外，其余多数锈蚀严重，无法辨别有无使用痕迹，因而难以推断其是商品还是日常用品。这些出土物品本身提供的信息虽有限，但可结合其他出土物或根据出土环境进行分析推断。以出土的铁钉为例，其中一枚体形较大，呈锥形，应是船钉，而出土之处及周边并没有发现船板，可以推测它尚未被使用，当是待售商品。如是，它的出现也指向了洲尾遗址曾是贸易市场的推断。即便这枚船钉不是商品，它的出现也或多或少表明洲尾遗址曾有船舶停靠休整。

三、出土建筑、道路等遗迹信息

2017—2019 年试掘调查中，工作人员在洲尾遗址的多个探方发现有排布规律的柱洞，以及排水沟、地板砖等建筑遗迹。其中，2018 年发现的一处探方柱洞中还遗存着已朽木桩的痕迹。同年，恰逢距离试掘区数十米的一个虾塘抽水维护，防城港市博物馆对其开展了调查，除采集了大量陶瓷文物标本，还在靠近陆地的虾塘底部发现多个木桩遗迹，排布规则且数量较多，其中包括一根直径约 20 厘米的木桩。为了解遗址的延伸范围，特别是寻找平地柱洞、虾塘木桩之间的可能性关联线索，防城港市博物馆于 2019 年在虾塘边的弃耕田中（平地坡脚边，为平地与虾塘衔接区）开了探方进行试掘，获得较为丰富的陶瓷、金属器文物标本，另发现一条疑似道路的遗迹，长约 8 米，宽 0.7 ~ 1.1 米，从坡地向虾塘、海滩方向延伸，以石头铺排。除此以外，近年洲尾遗址还有大象臼齿等骨质物品出土。

从上述遗存中，或可得出以下信息：其一，柱洞、水沟、地板砖等遗存的出现，说明该区域在某个历史时期有过一定规模的建筑体的存在；其二，虾塘底部所遗存的木桩遗迹可能是栈桥式码头遗存；其三，连接陆地与海滩的以石头铺排的道路遗迹，当是连接栈桥式码头与陆上贸易市场的通道；其四，大象臼齿的发现说明在该遗址上曾有大象出现，而大象作为海上贸易商品的可能性不大，应是在该遗址开展的活动中使用到了大象。这与古代广西有大象活动，以及明代朝廷在今防城港市上思县境内设立“驯象卫”等历史事实相对应。

简而言之，洲尾遗址出土的物品让人们对于洲尾遗址形成了三个方面的判断：一是洲尾遗址有商品贸易痕迹，这从出土的瓷器绝大多数为贸易瓷以及铜钱、铜权、散银等市场贸易直接相关物的出土可以推断；二是洲尾遗址有日常生活痕迹，带烟炱痕的炊具残片、有使用痕迹的陶瓷器及建筑遗迹，说明曾经有人群在这里居住生活；三是有港口设施痕迹，陆地与海滩之间的道路遗迹、栈桥式码头遗迹，以及船钉等船舶建造、维修物品的出现，说明该遗址与航海相关。“而位于防城港沿海的洲尾地处企沙半岛、渔沥岛与大陆合围形成的海湾内侧，其本身为伸入海湾的一块陆地，东、西、南三面环海，临海陆地有丘陵及平地，周边有榕木江、暗埠江等河流注入大海，为天然避风港。加之，海滩平缓，陆上有较为开阔的平地，可供装卸商品和建造贸易需要的建筑所用，而周边又有淡水等生活必需品的便捷来源，再加上此处往东至钦州、往西达越南的距离相近，处于两者中间。从今之眼光来看，可以说洲尾在古代具备建设码头、开设贸易市场的自然条件。”[①]综合这些信息，洲尾遗址很可能是集市场贸易、船舶停靠功能于一体，兼具市场和港口身份的临海贸易场遗址。

① 何守强：《潭蓬运河研究》，漓江出版社，2019，第131—135页。

第二节 历史条件与依据

一、唐宋时期广西沿海口岸的兴起

现有研究表明，随着秦汉时期海上丝绸之路的开辟，凭借得天独厚的区位优势和早期开发基础及当地人在长期海上航行探索中积累的成熟技术、丰富经验，合浦港一跃成为当时最为重要的始发港，合浦也成为汉代较为繁华的港口城市之一。合浦港的兴起，较大地推动了北部湾地区的发展，同时对周边内陆地区及东南沿海也产生了辐射带动作用，“合浦是汉朝对外交往的主要窗口和水路交通枢纽，汉代海上丝绸之路以此为节点，向内陆及东南沿海延伸和辐射，海路贸易、沿海贸易和内陆贸易的网络交织在一起，奠定了合浦在汉代中西交往中的重要地位”[①]。然而，正如周去非所言：“钦廉海中有砂碛，长数百里……隐在波中，深不数尺，海舶遇之辄碎。去岸数里，其碛乃阔数丈，以通风帆。不然，钦殆不得而水运矣。尝闻之舶商曰‘自广州而东，其海易行；自广州而西，其海难行；自钦廉而西，则尤为难行’。”[②]广西沿海自然条件一般，往来船只通航、停泊艰难，因而虽有汉代合浦港的崛起带动，但在很长一段时间内，广西其他沿海港口并没有得到很好的开发和利用，可以说，合浦港是一枝独秀。

从今天广西的北海、钦州、防城港三市来看，均具有建设大型港口所需的天然深水条件，但为何在汉代及以后很长一段时期内，这些沿海港口没有发展起来？笔者认为，除了周去非所说的近岸复杂的地理情况，还有两个更为重要的原因：其一，合浦港的兴起与东面的徐闻港、西面的交趾诸港相互呼应，共同满足近海航行船只的停泊、补给、贸易等需求，形成了对北部湾航线服务的辐射和覆盖，因而邻近的今钦州、防城港等区域暂时没有另外建设港口的需求和必要；其二，彼时上述区域的开发程度相对较低，沿海尚未形成较大的商业贸易点，加之沿岸航行条件有限、内陆交通体系没有畅通等，其区域重要性没有凸显，尚不具备建设港口的基础。然而，这些情况至迟到了唐代特别是中晚唐及宋初之后发生了根本性变化。

第一，从大的环境来说，经“安史之乱”之后，唐王朝由盛转衰，逐渐失去了对

---

① 熊昭明、韦莉果：《广西古代海上丝绸之路》，广西科学技术出版社，2019，第 73 页。
② 周去非著、杨武泉校注：《岭外代答校注》，中华书局，1999，第 37 页。

中亚、西亚等地区的有效控制，陆上丝绸之路逐渐被阻断，南方的海上丝绸之路迎来了发展良机。“唐宋以来，中国对外交通的重心逐步由西北转向东南，由陆路转向海路，广西的海路交通出现了新的变化，钦州对外交通的地位开始上升。”[①]

第二，唐咸通三年（862 年），为应对南诏用兵对安南形成的巨大危机，有效解决岭南道辖区过大的问题，唐王朝将岭南道分为东、西两道，治所分设于广州、邕州。邕州成为岭南西道的政治中心之后，今广西北部湾沿海地区在海外交通体系特别是安南段中的地位大大提升。

第三，唐代开凿的今防城港潭蓬运河、皇帝沟运河以及钦州西坑运河三条沿海运河均于狭窄处穿越半岛，避开了沿岸大量的暗礁险滩和疾风巨浪，实现了避险和缩短航程的目标，极大改善了此区域近海航线的通航条件。此外，以唐代桂柳运河的开凿和唐以后各朝代对于灵渠的疏浚维护为代表，广西内陆地区的内河航运更加发达，以桂州通邕州、邕州通大理等驿道为代表的陆路交通路网逐渐形成，“经过隋、唐、宋三代的开拓，广西驿道网络的干线已基本形成，以广西为通道，中原、云南、贵州经广西出海的路线逐渐明晰。广西区域内以钦州、邕州为主体通往安南的对外交通路线形成”[②]。交通条件的提升及商贸发展，为广西沿海口岸的兴起创造了机会。

第四，曾与广州齐名，作为唐王朝海外贸易最前沿的安南交州港，在连年遭受南诏侵扰之后逐步衰落，在此过程中，与其毗邻的广西沿海口岸取而代之的趋势不断增强。安南独立建国之后，中国便失去了昔日的前沿港，广西沿海成为中原王朝大陆最南端的出海通道，特别是防城港地区开始由原来的“内郡”变为“边疆”，成为中国与越南海陆相连的区域。这一区位性质的变化也对防城港及周边地区海上贸易产生了重大而深远的影响，广西沿海的整体区位重要性直线上升，“安南（今越南）独立，宋代中国指南针的发明和使用，东来番舶能够直航中国东部的广州、泉州、明州及青州等港口，与中国经济最发达的地区发生联系，交州港在中国海上交通中的中转和沿海停泊港口的作用逐渐丧失。与此同时，广西沿海航道经过整治，通行能力大为提升，广西沿海口岸的钦州、廉州港逐渐取代交州港成为海上丝绸之路上新兴的对外贸易港口”[③]。

---

① 廖建夏：《广西历代交通与通道商贸史略》，《广西地方志》2020 年第 1 期，第 25 页。
② 廖建夏：《广西历代交通与通道商贸史略》，《广西地方志》2020 年第 1 期，第 24 页。
③ 陆韧、苏月秋：《宋代海上丝绸之路广西口岸发展与西南地区的交通贸易》，《长安大学学报（社会科学版）》2016 年第 18 卷第 2 期，第 141 页。

以上的诸多变化极大地刺激和推动了广西沿海口岸的整体发展。

（一）北海口岸

今北海市自汉代起就以合浦港而声名鹊起，《汉书·地理志》中关于合浦港及经此航线的记录成为汉代海上丝绸之路正式形成的标志性记载，合浦港虽然在汉代以后逐步衰落，其地位也最终被广州港所取代，但是它并非迅速消失，而是在长时间的持续繁华中慢慢衰落，“唐朝时……广州港因其地理、物产诸多因素比合浦更为优越，而发展成为华南最大的港口；但这时的合浦港还没设置市舶使，课税低，并且桂东北兴安县的灵渠得到了进一步的修缮，水上交通更为畅达，合浦的采珠业也非常兴旺……此时，合浦港虽让位于广州港，但仍不失为岭南一大港口都会”[①]。

（二）钦州口岸

从多种古籍记载和研究成果来看，至迟到唐代，钦州港的发展已较为成熟，“钦州，唐宋时依旧是一个海上交通的良港。义净《大唐西域求法高僧传》记载了多位僧人从钦州港附（波斯）舶去南海各国，转赴印度”[②]，“邕州、钦州至安南的道路畅通后，钦州与廉州同为至安南的重要港口，舟楫往来不绝，是与安南贸易的海上交通线”[③]，这些在宋人周去非《岭外代答》关于钦州博易场的描述中可得以证明。

（三）防城港口岸

今防城港市是 20 世纪下半叶才有的新地名，在古籍中没有关于“防城港”的直接记载，而“防城”之名称虽自宋代出现并沿用至今，但因行政区域较小，在古籍记载中也鲜有提及。由于在很长一段时间内，特别是安南独立之后，今防城港区域曾隶属钦州，因而古籍中有关该区域的相关记录基本可参考关于“钦州”的记载。例如，《岭外代答》所载：“廉之西，钦也。钦之西，安南也。交人之来，率用小舟。既出港，遵崖而行，不半里即入钦港。”[④]从今天的行政区划来看，钦州并不与越南交界，其西为今之防城港而非越南，因而，文中所提之“钦”应包括与越南山海相连的防城

---

① 廖国一、曾作健：《南流江变迁与合浦港的兴衰》，《广西地方志》2005 年第 3 期，第 42 页。
② 郑学檬：《唐宋元海上丝绸之路和岭南、江南社会经济研究》，《中国经济史研究》2017 年第 2 期，第 5 页。
③ 廖建夏：《广西历代交通与通道商贸史略》，《广西地方志》2020 年第 1 期，第 25 页。
④ 周去非著、杨武泉校注：《岭外代答校注》，中华书局，1999，第 53 页。

港。同理，从越南“遵崖而行”“不半里即入”的“钦港”，显然也是防城港的港口。从这个角度来说，至迟在周去非所生活的宋代，防城港地区的港口也已成形。宋代在今防城港沿海地区设立以巩固海防为主，兼顾商贸的砦（今写作“寨”）、镇、军铺，也从侧面说明了这一点。据成书于北宋的《武经总要前集》记载：

钦州……州临涨海，又有如洪、咄步、如昔三镇，皆滨海，与交州密迩，置兵戍守。东至严州四百里，西至瀼州五百八十里，南大海。扬帆一日至西南岸，即交州潮阳镇。西南至陆州七百四十里。

咄步砦。南至州四十五里，南即咄步水口，入海路，至交趾潮阳镇。兼陆路行，拒交趾……

抵棹军铺。南即抵棹水口，入海，至交趾潮阳。陆路捍交州……[①]

从以上记录来看，宋代在今防城港地区设有多个海陆防务机构，仅海防就有咄步寨、抵棹军铺（后改为抵棹寨、抵棹砦）等，均设置在江河入海口。其中，咄步寨在防城江入海口附近，大致在今防城港市防城区城区至行政中心区一带；抵棹寨在今北仑河入海口附近，大致在东兴市区。在并不算长的海岸线上设置两个镇寨，说明了宋王朝重视边境海防，或许也反映出了此区域商贸繁华、港口发展的程度，对航线安全提出了更高的要求。关于置寨与港口发展之间的关系，台湾中正大学廖幼华教授提出：“抵棹寨与安南之永安州为邻，交船来此‘朝发暮到’十分便捷，宋人因此设立沿海巡检司，做守边盘查之备……笔者以为今日中越边界北仑河位置正合《武经总要前集》所记之抵棹水，抵棹砦既然位处河口，其大约位置当在今天的东兴市。这里曾经是唐代的宁海县治，宋代以后虽然废县，但以边境港口缘故，重要性仍维持不变。”[②]处于东兴的抵棹寨在该地原有的宁海县被废除之后仍然存在，是因为彼时这里已经形成港口，并且地位重要。除此以外，诸多古籍关于唐代天威遥（潭蓬运河）的记载以及洲尾遗址发现的港口遗迹等物证，都是唐宋时期防城港地区港口形成与发展的依据。

综上所述，随着近海、内陆航运和陆路交通的改善与提升，以及广西沿海区位优势凸显、北部湾沿岸经济发展等诸多因素综合，至唐宋时期，除了长期“一枝独秀”

---

① 曾公亮等撰、郑诚整理：《武经总要前集》，湖南科学技术出版社，2017，第1273—1274页。
② 廖幼华：《唐宋时期廉钦交三州沿海交通与砦镇》，载《南方开发与中外交通——2006年中国历史地理国际学术研讨会论文集》，西安地图出版社，2007，第355—356页。

的合浦港，今钦州、防城港等地的港口不断发展壮大，广西沿海口岸经济整体兴起，“交州在中国海外贸易地位急剧下降的同时，西南地区的贸易格局发生了重大变化，广西沿海及其与安南交界的沿边地区勃兴了一批盛大的博易场，成为西南地区国内贸易和海外贸易交融的场所”[①]，这使得洲尾贸易场的出现具有了可能。

二、多个沿海贸易场所的出现

如前所述，作为汉代海上丝绸之路重要始发港的合浦早在汉代已是知名度高、辐射力强的港口城市，很长的历史时期内，其商贸的繁华得以延续。而与之毗邻的广西其他沿海地区，其商贸业也逐步发展。至宋代，除广为人知的钦州博易场之外，北部湾沿海地区至少还有廉州、如洪寨等互市贸易点。

（一）廉州、如洪寨等互市贸易点

安南独立之后，广西北部湾沿海地区与安南交州等邻近地之间的关系由原来的同国邻州转变成为异邦邻地，民间的交往依旧密切，但也受到相关限制。随着安南的主动臣服进贡，宋王朝在早期便允许中越边民开展互市贸易。

> 岭南平后，交趾岁入贡，通关市。并海商人遂浮舶贩易外国物，阇婆、三佛齐、渤泥、占城诸国亦岁至朝贡，由是犀象、香药、珍异充溢府库。逊请于京置榷易署，稍增其价，听商入金帛市之，恣其贩鬻，岁可获钱五十万缗，以济经费。太宗允之，一岁中果得三十万缗。自是岁有增羡，至五十万。[②]

这段话记录了宋太宗太平兴国年间（976—984），中国与今东南亚国家、地区之间的“通关市”及贸易规模等情况，虽未点明贸易地点，但其中必然包括广西北部湾沿海地区。而根据《宋史》记载：“三年，遣使来朝，表求甲胄具装，诏从其请。又求互市于邕州，本道转运使以闻，上曰：‘濒海之民，数患交州侵寇，仍前止许廉州及如洪砦同寨互市，盖为边隅控扼之所。今或直趋内地，事颇非便。’诏令本道以旧

① 陆韧：《宋代广西海外贸易兴起初探》，《海交史研究》1997 年第 1 期，第 20 页。
② 脱脱等：《宋史》卷二百六十八，中华书局，1977，第 9222—9223 页。

制谕之。”[①]在宋真宗大中祥符三年（1010 年），安南请求开通邕州互市，宋王朝考虑到直入内地“事颇非便”，并以此前只开廉州、如洪寨的“旧制谕之”，这里明确指出 1010 年以前廉州、如洪寨两个互市点就已存在。

对于廉州、如洪寨的互市贸易，除以上所引“廉州及如洪砦互市”的明确记载外，古籍中并无太多具体描述。就廉州互市点而言，《宋史》另有曾布建议“钦、廉州各创驿，令交人就驿博买”[②]的记载。值得注意的是，曾布提建议的时间是元丰二年（1079 年），这与上文得出的廉州互市点至迟于大中祥符三年（1010 年）已经存在的结论是否矛盾？笔者认为，廉州互市点在北宋早期也已形成是历史事实，而后曾布的“创驿”“就驿博买”建议只是对原有贸易场所的升级，是要提升宋王朝在互市贸易中的税收，加强官方进行互市事务管理方面的主导作用，因此两者间并不矛盾，反而体现了此互市点发展的延续性。当然，也有学者认为“朝廷部分采纳了曾布的建议，于钦州正式设置博易场，但廉州终未得设”[③]。不论曾布关于提升廉州贸易点的建议是否被采纳，这不改变此地原本已有互市点的事实。

关于这个互市点的具体位置，廖幼华教授认为其与钦州博易场一样，也是处在城外驿站，并根据南宋王象之《舆地纪胜》“州西南至廉江入海处约二百里，其海口有梁德镇，亦是往安南水路”[④]的记载，提出“梁德镇可能就是因商业发展起来的海口市镇”[⑤]，认为廉州互市点应是在梁德镇。同时，还根据周去非《岭外代答》“钦、廉皆号极边，去安南境不相远。异时安南舟楫多至廉，后为溺舟，乃更来钦”[⑥]的表述，指出“至少在南宋孝宗之前，钦州港的贸易已经超过廉州”[⑦]。

关于如洪寨，北宋《武经总要前集》有记载：“如洪镇。镇城旧为砦，有戍兵，天禧中废。近交趾苏武州界，接洪水口入海，至交趾潮阳镇水路。端拱中，交趾战舰一百余艘至镇，略居民劫廪食而去。”[⑧]明代《钦州志》则云：“如洪砦亦名如洪镇，出宋史，在州治西永乐乡一图，去州三十里，今废。居民云：凤凰江有洲，洲上官署

---

① 脱脱等：《宋史》卷四百八十八，中华书局，1977，第 14065 页。
② 脱脱等：《宋史》卷一百八十六，中华书局，1977，第 4564 页。
③ 廖寅：《宋代博易场研究——以广西博易场为中心》，《中国社会经济史研究》2013 年第 2 期，第 8 页。
④ 王象之：《舆地纪胜》，中华书局，1992，第 3488 页。
⑤ 廖幼华：《唐宋时期廉钦交三州沿海交通与砦镇》，载《南方开发与中外交通——2006 年中国历史地理国际学术研讨会论文集》，西安地图出版社，2007，第 350 页。
⑥ 周去非著、杨武泉校注：《岭外代答校注》，中华书局，1999，第 53 页。
⑦ 廖幼华：《唐宋时期廉钦交三州沿海交通与砦镇》，载《南方开发与中外交通——2006 年中国历史地理国际学术研讨会论文集》，西安地图出版社，2007，第 351 页。
⑧ 曾公亮等撰、郑诚整理：《武经总要前集》，湖南科学技术出版社，2017，第 1275 页。

遗址尚存，必旧时立砦之所也。”[1]根据这些记载可知：其一，如洪寨建立较早，至少在宋太宗端拱年（988—989）之前已经存在；其二，“镇城”“有戍兵”等记载说明如洪寨集军事防御、贸易场所于一体；其三，端拱年间交趾一百余艘战舰劫掠事件说明了如洪寨具有较大规模，其商贸也应较为兴盛。此外，从两本古籍记载中，也可发现有关如洪寨具体位置描述上的差异。《武经总要前集》记录为“接洪水口入海”，“洪水”即如洪江，也称渔洪江，今称为茅岭江，也就是说如洪寨在今茅岭江入海口附近；明代《钦州志》则记作“凤凰江有洲，洲上官署遗址尚存”，凤凰江即今之大直江，为茅岭江支流，按此记载并根据“在州治西永乐乡一图”的描述，对照志书中“钦州图”永乐乡一图的位置，可见该书所指如洪寨处在大直江尚未汇入茅岭江的地方——茅岭江西岸，即今钦州市大直镇境内，和入海口还有一定距离。这两个位置虽相距不远，但显然不是同一个地方。就此差异，廖幼华教授认为，“两书所说之如洪砦地点，看似不同，实则一处，具体位置应在如洪江（一名渔洪江，即今日茅岭江）与凤凰江交汇的海口附近”[2]，再次强调如洪寨在茅岭江与大直江交汇口附近，却未能指明更为详细的方位。在其所绘制的《宋代廉、钦州沿海砦镇分布示意图》[3]中，所标注的“如洪砦”位置处于今防城港市茅岭镇，为茅岭江入海口西岸。近年来，钦州市文博部门在对所辖的康熙岭镇长墩岛进行考古调查时，发现建筑遗迹、墓葬及碑刻等，在走访周边群众过程中也获得了此地在民国时期设卡征税等相关信息，因而提出“长墩岛为如洪寨所在地”。笔者认为，处于黄屋屯江、大直江、茅岭江三江交汇口的长墩岛，在地理位置上符合设置镇寨的条件，也符合“接洪水口入海”“洲上官署遗址尚存”的描述，且有实物遗存和民间传说支撑，当是目前为止较有说服力的观点。当然，如果要判定长墩岛为如洪寨的确切所在地，现有的证据尚显不足：岛上虽有建筑遗迹，但未开展考古发掘，其时代是否为宋代尚不可知；又如，文博部门走访中所获知的征税信息为民国时期，征税的做法是自古延续，还是民国的时候才兴起，这个问题仍待解决，等等。因此，还需要进一步的考古发掘来补充证据。换言之，目前有关如洪寨的准确、具体的位置，仍未有最终定论。虽是如此，但其处于茅岭江入海口的大致位置是确定无疑的，就在今防城港市茅岭镇与钦州市大直镇、

---

① 林希元：《钦州志》，上海古籍书店，1961，第 384 页。
② 廖幼华：《唐宋时期廉钦交三州沿海交通与砦镇》，载《南方开发与中外交通——2006 年中国历史地理国际学术研讨会论文集》，西安地图出版社，2007，第 351 页。
③ 廖幼华：《唐宋时期廉钦交三州沿海交通与砦镇》，载《南方开发与中外交通——2006 年中国历史地理国际学术研讨会论文集》，西安地图出版社，2007，第 360 页。

康熙岭镇交界或邻近一带。

就廉州、如洪寨两个互市贸易点的性质问题，廖幼华教授参照史书上著名的“钦州博易场”的提法，将廉州、如洪寨互市贸易点也称为“博易场”，如“钦州的博易场置于城外，是中国与交趾大、小商云集，交易鼎盛的贸易港口……廉州的博易场与钦州相较，不但与安南距离较远……如洪砦与钦州江东驿一样，都是对安南交易的主要博易场”①；而廖寅教授认为，廉州、如洪寨是博易场正式形成以前的“原始形态的民间互市”，“北宋前期，广西沿海已经存在着互市贸易，真宗大中祥符二年（1009年）（应是大中祥符三年，即1010年——笔者注），安南请求互市于邕州（治今广西南宁），宋朝‘承前止许廉州及（钦州）如洪寨互市’。但这种互市贸易还是原始形态的民间互市，尽管规定了区域，但没有固定的场所，更没有管理机构和制度”②。这两种观点是学者各自定义不同所致，笔者认为，不论廉州、如洪寨互市贸易点是否可称为“博易场”，都不影响其作为贸易场所存在的历史事实。

（二）钦州博易场

博易场是宋代在西南边境地带设立的一种贸易场所。周去非在《岭外代答》中专题介绍了邕州横山寨博易场（今百色市田东县境内）、邕州永平寨博易场（今崇左市宁明县境内）、钦州博易场等三个广西宋代博易场。其中，钦州博易场处于沿海地区。关于此博易场，《宋史》有“重和元年（1118年），燕瑛言交人服顺久，毋令阻其贸易。初（指元丰二年，即1079年，笔者注），广西帅曾布请即钦、廉州各创驿，令交人就驿博买。至是，即用瑛兼广西转运副使，同王蕃计画焉”③的记载，周去非则在《岭外代答》中做了更为详细的描述：

凡交趾生生之具，悉仰于钦，舟楫往来不绝也。博易场在城外江东驿。其以鱼蚌来易斗米尺布者，谓之交趾蜑。其国富商来博易者，必自其边永安州移牒于钦，谓之小纲。其国遣使来钦，因以博易，谓之大纲。所赍乃金银、铜钱、沉香、光香、熟香、生香、真珠、象齿、犀角。吾之小商近贩纸笔、米布之属，日与交人少少博易，亦无

① 廖幼华：《唐宋时期廉钦交三州沿海交通与砦镇》，载《南方开发与中外交通——2006年中国历史地理国际学术研讨会论文集》，西安地图出版社，2007，第350—351页。
② 廖寅：《宋代博易场研究——以广西博易场为中心》，《中国社会经济史研究》2013年第2期，第8页。
③ 脱脱等：《宋史》卷一百八十六，中华书局，1977，第4564页。

足言。唯富商自蜀贩锦至钦，自钦易香至蜀，岁一往返，每博易动数千缗，各以其货互缄，踰时而价始定。既缄之后，不得与他商议。其始议价，天地之不相侔。吾之富商，又日遣其徒为小商以自给，而筑室反耕以老之。彼之富商，顽然不动，亦以持久困我。二商相遇，相与为杯酒欢。久而降心相从，侩者乃左右渐加抑扬，其价相去不远，然后两平焉。官为之秤香交锦，以成其事。既博易，官止收吾商之征。其征之也，约货为钱，多为虚数，谓之纲钱。每纲钱一千，为实钱四百，即以实钱一缗征三十焉。交人本淳朴，吾人诈之于权衡低昂之间。其后至三遣使，较定博易场秤。迩年永安州人狡特甚，吾商之诈彼也，率以生药之伪，彼则以金银杂以铜，至不可辨，香则渍以盐，使之能沉水，或铸铅于香窍以沉之，商人率堕其术中矣。[①]

从以上记载中，可获得几个方面的信息：其一，钦州博易场是一个面向越南、辐射周边地区的沿海贸易场，参与贸易的人群广泛，交易商品来源于中越两国的多个地区，商品丰富多样，贸易规模较大。其二，钦州博易场具有较长的贸易延伸线。文中有关四川商人在博易场贩卖蜀锦并采购香料返蜀销售的描述，说明此条贸易线南至越南，北达中国内地。其三，贸易场有官方征税，维护市场秩序，对市场进行管理。其四，贸易中既有民间小贩的“斗米尺布”的交易，也有官方派遣的“大纲”交易。其五，博易场中除交易场所外，也有供商人们“相与为杯酒欢”的诸如饭店之类的生活服务设施。其六，关于博易场的具体位置，除了《岭外代答》中提及“博易场在城外江东驿”，古籍中并无其他确切记载，至今也尚未有相关考古信息。虽是如此，但从古籍对钦州博易场的反复记载、相互印证以及现有相关学术研究成果来看，历史上钦州博易场的存在是确定的。按周去非的说法，“博易场在城外江东驿”，其位置大约在距钦江入海口不远的今钦州市区或邻近地区。

钦州博易场及前述廉州、如洪寨等贸易场所的出现，反映了宋代广西沿海贸易的兴盛。至于这些贸易场之间是否有前后继承、互相影响或是彼此分工等关系，因目前缺乏相关考古资料，尚不得而知，但有一点是可以肯定的：宋代广西北部湾沿海贸易场所是多区域、多点存在的，其分布有背靠内陆、面向大海的规律。

综上所述，唐宋时期广西北部湾沿海口岸兴起，服务于海防、海外贸易的镇寨得

① 周去非著、杨武泉校注：《岭外代答校注》，中华书局，1999，第196—197页。

以设置，北部湾沿海多个贸易场所出现。一方面，这些现象反映了彼时该区域经济社会的快速发展，尤其是口岸经济、商贸业的繁荣；另一方面，这种发展所带来的人口与商机的聚集往往会推动交易市场的规模形成，从这个角度上说，彼时洲尾贸易场的出现是有基础条件和现实可能的。而如洪寨、钦州博易场两个贸易场相距不足 20 公里，说明了此区域贸易场所密集分布的事实。洲尾与如洪寨、钦州博易场两个贸易场相距仅 30 多公里，同样具有形成贸易场所的可能性。尤其是洲尾遗址发现的码头、建筑遗迹，以及出土的包括贸易商品、生活用品在内的遗存，与《岭外代答》关于钦州博易场商品交易等方面的记载相似，这种相似增加了洲尾作为贸易场的可能性。

第三节 周边相关遗迹印证

一、唐代北部湾运河体系

北部湾海岸蜿蜒曲折，近岸多连绵礁石群，沿岸行进的航线较为凶险，这在古籍中多有提及。例如，周去非在《岭外代答》中谈及这片海域时，就有“乱流之际，风涛多恶”“海多巨石，尤为难行”的描述。当然，虽然北部湾近海航线曲折多险，但在造船与航海技术并不十分发达的汉代及以后很长一段时期内，沿岸行进的北部湾航线仍是中国与东南亚及更远地区海上往来的首选航线。而在漫长的海外航行历史中，特别是唐代中后期岭南道分设东、西两道之后，为改善岭南西道治所邕州与安南之间的海上交通状况，仅唐一代就在今防城港、钦州两市开凿了潭蓬运河、皇帝沟运河、西坑运河 3 条运河。这些运河均位于半岛狭窄处，沟通两端水域，自此间通行既缩短航程，又直接避开凶险曲折的近岸海域，较大程度上提升和改善了北部湾海域的通航条件，为唐代及以后该区域海上航线的持续繁荣奠定了基础。

（一）潭蓬运河

潭蓬运河位于广西壮族自治区防城港市江山半岛，是凿通于唐代的一条沿海运河。运河呈东西走向，将江山半岛横腰截断，贯通了西湾和珍珠湾。运河原长约 2 公里，现存河道长 1558 米，河道平均宽度约 8.2 米，最窄处 7.8 米，最宽处 12.9 米。1981 年被公布为广西壮族自治区重点文物保护单位，经“2019 海上丝绸之路保护和联合申报世界文化遗产城市联盟联席会议”审议通过，潭蓬运河正式成为全国海上丝绸之路保护和联合申报世界文化遗产项目的入选遗产点。此条运河的开凿，对于唐代及后世北部湾地区而言是一个重大事件，因而相关记载较为丰富。据不完全统计，《柳河东集》《桂苑笔耕集》《旧唐书》《册府元龟》《资治通鉴》《安南志略》《北梦琐言》《新唐书》《岭外代答》《越史略》《全唐文》等十余种中越古籍中均有相关记载。因运河所辟山体为石质，施工中“凿下刃卷，斧施柄折”，开凿难度极大，故有张舟等“三都护”及高骈接力而为的记载，最终由静海军节度使高骈于唐代咸通九年（868 年）开通。目前，运河石壁上发现有 11 处石刻，其中“元和三年”“咸通九年”等纪年信息反复出现，也印证了此条运河在不同时期经多人多次组织开凿的事实，“‘元和三年’为安南都护张舟开凿记录，‘咸通九年’为静海军节度使高骈开凿记录。‘元

潭蓬运河东段局部河道

潭蓬运河中段局部河道

20 世纪 80 年代初在潭蓬运河周边出土的瓷器

20 世纪 80 年代初在潭蓬运河周边出土的瓷器

2018—2019 年在潭蓬运河河道出土的瓷器

2018—2019 年在潭蓬运河河道出土的瓷器

2017 年于潭蓬运河河道石壁上发现的唐代石刻

2017年于潭蓬运河河道石壁上发现的唐代石刻

和’‘咸通’两个时间所记录的开凿运河事宜应是一种前后承接关系”[①]。

仅约2公里长的潭蓬运河，为何需要数任行政长官组织，跨越至少60年断断续续地接力进行开凿呢？我们可以从潭蓬运河开凿的初衷探寻答案。开凿运河的目的，一般而言无非是两种：第一，缩短航线；第二，避开凶险。就潭蓬运河来说，笔者认为，避开凶险的可能性要远大于缩短航线的需要。在不考虑其他因素的情况下，彼时往来于安南与钦、廉诸地的船只，途经今防城港市的江山半岛，只要沿着半岛海岸线走即可，在线路上，这比折经潭蓬运河更直、更近。但是，今江山半岛岬角端白龙头海域礁石连绵、暗流汹涌，为多路风汇聚口，凶险异常，“通往安南的近海航道上还分布有大量的暗礁险滩……在通往安南的所有暗礁险滩中，可能以‘天威遥’所在的江山半岛一带最具有危险性”[②]。古代船只经过该海域时常常遇险，故古籍中有“才登一去之舟，便作九泉之计”的形容。从今天该海域怪石滩上不断被海水冲刷上岸的多个历史时期的陶瓷残件可知，这样的记载并非危言耸听。2019年，笔者乘坐一条长约20米、宽约4.5米，承载力为20吨的内燃机动力装置木船开展了一次起止于潭蓬运河两端海湾的航行试验，在途经白龙头海域时受暗流影响，船速明显变慢，船身晃动幅度颇大。装有现代动力装置的中型木船尚且受如此影响，换作古代船只路过此海域，其艰险可想而知。此外，“每年农历四月西南风起后，该海域持续数月难以通航。因西南风起后，白龙头一带海域会持续不断地掀起自海向岸的阵阵浪潮，拍打海岸，这种浪地方俗称‘横浪’。‘横浪’与西南风均从海向岸而来，两者合力会形成一股强大力量‘侵袭’过往船只……至今防城港沿海渔民还有‘西南风不过白龙头’之说”[③]。正是因为航行经过白龙头海域的诸多凶险，出于改善本区域海上交通条件的迫切需要，开凿潭蓬运河成为解决问题的关键所在，这当是唐代多任都护努力开凿此运河的主要原因，断断续续的开凿历程也体现了其重要性和价值。

作为本区域最为重要、最具知名度的古代运河，潭蓬运河的开通，较大程度上提升了此段海路的安全性，出现了古籍所载“交、广之民，舟楫安行”“由是舟楫无滞，安南储备不乏”的繁荣景象。就其作用而言，由于开凿组织者、开凿工程实施主体、历史背景等均与军事、军队密切相关，因此有一种观点倾向于强调其运输军需物资的作用，“不可否认，以军队为开凿主体的潭蓬运河肯定具有服务于军事的目的和功能，

---

① 何守强：《潭蓬运河石刻新考》，载《防城港水下考古陆地调查研究》，广西人民出版社，2017，第111页。
② 王承文：《唐代环南海开发与地域社会变迁研究》，中华书局，2018，第358—359页。
③ 何守强：《潭蓬运河研究》，漓江出版社，2019，第109页。

但这是否为运河的唯一功用？笔者认为，军、商、民多方共用是潭蓬运河通航后的现实”[①]，这从近年潭蓬运河河道出土的唐、宋、元、明、清等多个时期的贸易陶瓷遗物可以得到印证。从此种角度而言，潭蓬运河的开通不仅提供了安全的通道，同时也服务和促进了周边地区商贸的发展。

（二）皇帝沟运河

皇帝沟运河位于广西壮族自治区防城港市企沙半岛，全长约 6.3 公里，宽 8 ～ 10 米。运河呈东西走向，贯穿企沙半岛两端狭窄处，东口接尖山江入龙门海，西口在沙港村东南部的统熙围连接风流岭江湾。该运河流经皇城坳遗址附近，其西口与洲尾遗址直线距离也仅 3 公里左右。关于这条运河的文字记载不多，《防城县志》是其中之一，其载曰：“相传明将杨义被清兵追赶南逃，至钦防自立为王，称杨王，建王城、王殿，并开凿运河，后人称‘皇帝沟’，东起钦州龙门生牛岭，西止防城光坡乡垭基窝。全长 12 公里……因清兵追击，运河约差半公里尚未凿通。数历沧桑，迄今只留痕迹而已。”[②]记载中所提“杨义”又称“杨二”，即明末清初在北部湾沿海地区开展反清活动的杨彦迪。根据记载，除了运河起止与长宽等基本信息，另可知两点：其一，皇帝沟运河为杨彦迪于明末清初组织开凿，其名称来源或与之相关（在当地方言中“皇”与“王”同音，“皇帝”指自立为王的“杨王”杨彦迪，“沟”是当地对于运河的俗称）；其二，运河还差半公里才凿通，也就是说历史上该条运河并未真正投入使用。对于文献资料并不丰富的皇帝沟运河相关研究而言，这些记载无疑是宝贵的，但是否属实？带着以上问题，为了掌握皇帝沟运河的基础数据，防城港市博物馆于 2020 年 5—9 月对皇帝沟运河进行了全段考古调查和局部河道清淤。

调查中，因企沙路扩建进行机械翻土，工作人员得以在运河流经的皇城坳段河道附近采集到宋代影青瓷碗底标本。同时，在走访周边村民群众时获知，在二十世纪七八十年代，曾有村民将之前搁浅于运河河道淤泥中的残破木船船板拆卸搬运回家，至于搁浅的船只于何时出现在河道上，则无人知晓。这两个偶然发现引起了工作人员的注意：县志所载“明末清初”才开凿的运河为何会出现宋代的瓷器？没有凿通、尚未投入使用的运河河道中何来搁浅的木船？带着这些疑问，防城港市博物馆计划在完

---

① 何守强：《潭蓬运河研究》，漓江出版社，2019，第 113 页。
② 防城县志编纂委员会：《防城县志》，广西民族出版社，1993，《大事记》第 3 页。

成全段河道调查工作之后，对皇帝沟运河中段的皇城坳段、彭公角段进行局部清淤，以寻找相关实物证据及进行数据对比。之所以选择这两个清淤点，主要是考虑到皇城坳段附近有皇城坳遗址，或有发现简易码头的可能，而彭公角段原始河道轮廓清晰，保存较好且河道积水较少，易于清理。因用地问题，皇城坳段的清淤工作未能如期实施，但彭公角段的清淤工作得以顺利开展，并有了一些新发现。

（1）在清表时发现少量几何印纹陶片和筒瓦。

（2）出土了一批陶瓷残片。根据残片的形状判断，陶器器形以罐为主，质地坚硬，带系罐出现较多；瓷器以碗为主，另外还有罐、壶等，釉色有青釉、青白釉、青花等，时代为唐至明清。

（3）清淤区的运河两岸河道为土、石结合，底部为相对平整的石板，石板的石质为较为松软的风化石。清理深度为 2.3 米到底，清理区河道最宽 8.8 米、最窄 7.8 米，两岸至底微收但幅度不大。

从以上发现的情况及全段调查所掌握的信息，可做出以下初步判断：其一，皇帝沟运河所经之地相对平坦，以土、石为主，且石质为风化石，相对容易开凿，而从现有清淤深度及周边山体遗迹来看，此段开挖深度为 3 米左右，工程量也不算太大；其二，从运河开挖深度、宽度和凿通后河道可能达到的水位来说，皇帝沟运河具备中小型船只通航的理论可能；其三，从出土文物的时代看，皇帝沟运河应是开凿于唐代，其曾全线开通并持续沿用，明末清初时杨彦迪或许对此运河开展过局部疏浚、维护等工作，但他并非最早组织开凿运河的人。显然，这些推断与县志所载信息存在差异，笔者认为，基于出土文物、现代测量技术等得出的推论也许更为接近历史真相。

皇帝沟运河的开通，使得原本须沿着蜿蜒的企沙半岛海岸往来的船只得以直行两端海湾，既避免了海上礁石、暗流、风浪的侵袭，又大大缩短了航程。运河开通后，运河东、西两端海湾之间的航程比绕行企沙半岛缩短 30 多公里，同样，分布于运河西口附近的洲尾遗址与经东口入茅尾海而至的钦州博易场、如洪寨互市贸易点等遗址之间的航线也相应得到较大缩短。可以说，皇帝沟运河在历史上曾同时发挥着缩短航程和提升航线安全度的双重作用。

皇帝沟运河局部河道

皇帝沟运河彭公角段局部清淤现场

皇帝沟运河沿岸调查采集的影青瓷标本

皇帝沟运河周边征集到的六系陶罐

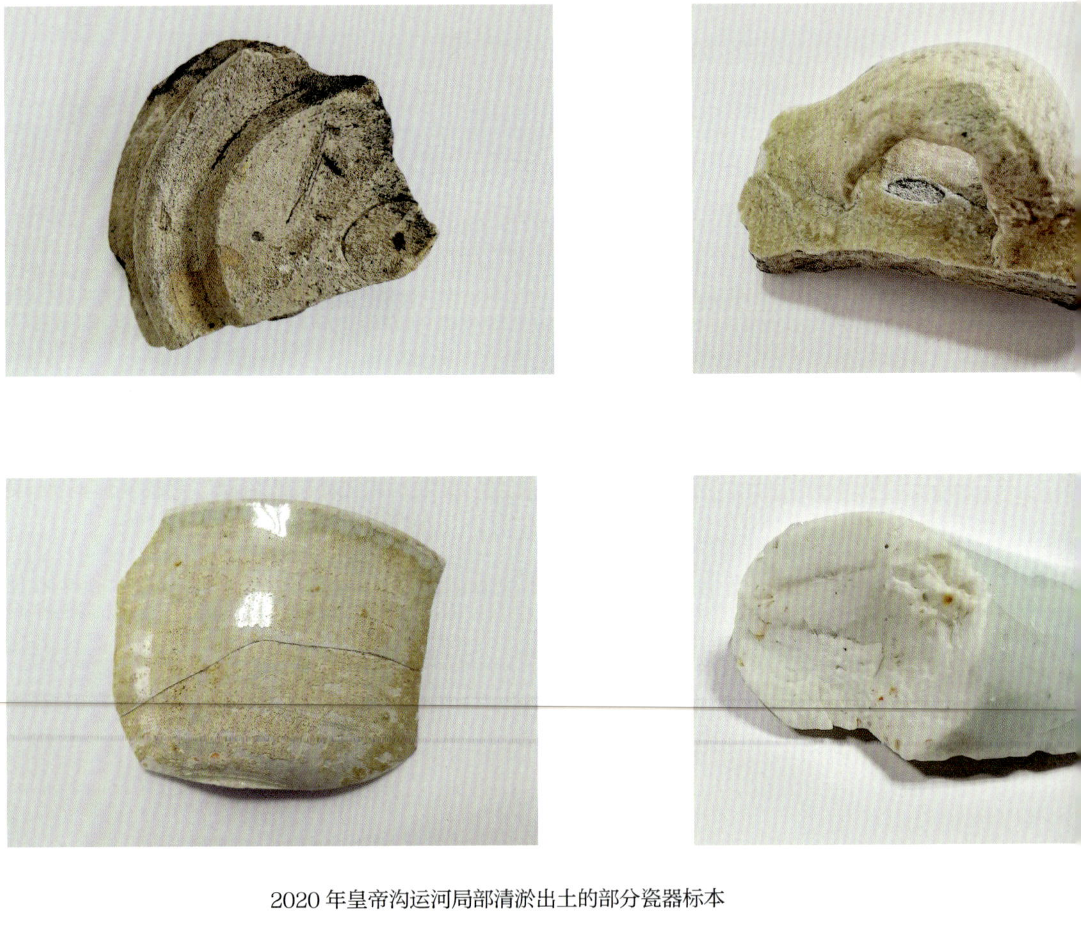

2020 年皇帝沟运河局部清淤出土的部分瓷器标本

2020 年皇帝沟运河局部清淤出土的部分瓷器标本

2020 年皇帝沟运河局部清淤出土的部分瓷器标本（同一排的左右两图为同一器物的正反面）

2020 年皇帝沟运河局部清淤出土的部分陶器标本

（三）西坑运河

西坑运河位于广西壮族自治区钦州市钦南区犀牛脚镇西坑村，运河全长约 1.3 公里，河道宽 10 ~ 12 米[①]，其东北口连接大风江，西南口通大灶江，运河的开凿让两端原有的两条自然河流得以连通，最后实现“通江达海”的目的。关于此条运河的开凿时间，民国版《钦县县志》有“旧传明季海寇杨二，鑿为剽劫之所，或曰伏波征交趾时，疏为运粮道”的记载，据此，开凿时间有明末清初和东汉马援南征交趾时期两个版本。明末清初之说与民间有关杨彦迪在此区域开凿运河的传说以及西坑运河之“杨二涧”的俗称吻合，但笔者认为，作为随时被清军追赶的流窜武装力量，杨彦迪无心也无法实施这么巨大的工程；而东汉之说有广为流传的民间故事支撑，史书也有马援南征“缘海而进，随山刊道”的记载，于是该运河在 2012 年被公布为钦州市级文物保护单位后的一段时期内，一度被认为是汉代运河。

2019 年，为解决该运河的断代问题，寻找更多物证，钦州市博物馆启动了该运河的调查和试掘工作。“经过两个月的调查试掘，在运河两岸山坡采集了较多陶瓷片，在吊水口段和入口段进行了试掘工作，出土了一定数量的陶瓷片。发现多处人工开凿痕迹。河道整体轮廓清楚……初步明确了人工开凿痕迹明显河段为整个运河段，全长约 1.3 公里。通过试掘吊水口段河道，初步了解清理了运河的河床结构……西坑古运河采集和出土的陶瓷片胎釉与钦州唐代遗址、防城港潭蓬运河出土的唐代器物一致。运河的开凿年代不晚于唐代。”[②]根据钦州市博物馆所做报告，结合笔者随同广西文物保护与考古研究所专家组在该运河试掘现场学习考察之所见，加之直至目前尚未有早于唐代的实物证据出现，笔者认为西坑运河当为唐代运河。

周去非《岭外代答》记载：“钦廉海中有砂碛，长数百里，在钦境乌雷庙前，直入大海，形若象鼻，故以得名。是砂也，隐在波中，深不数尺，海舶遇之辄碎。”[③]可见，以象鼻砂为代表的今三娘湾村至乌雷村一带海路自古凶险，“西坑运河的开通，既躲避了‘乌雷风涛之险及海寇攘劫之患’，又起到缩短大风江沿岸、合浦地区到钦州湾航程的作用，即‘实钦廉舟楫之利’”[④]。

---

① 运河长 1.3 公里的数据参照钦州市博物馆《2019 年钦州市西坑古运河考古调查和试掘完工报告》（内部资料），但该报告中关于河道宽度的测量数据用的是河面宽度也就是最大水面宽度的计算法，而笔者本书所采用的是河道两壁之间距离的计算法，因而，河道宽 10~12 米的数据参照的是熊昭明、韦莉果著的《广西古代海上丝绸之路》（广西科学技术出版社 2019 年出版）一书。
② 钦州市博物馆：《2019 年钦州市西坑古运河考古调查和试掘完工报告》（内部资料），第 8—9 页。
③ 周去非著、杨武泉校注：《岭外代答校注》，中华书局，1999，第 37 页。
④ 熊昭明、韦莉果：《广西古代海上丝绸之路》，广西科学技术出版社，2019，第 110 页。

2018 年本书作者随队参观时拍摄的汛期西坑运河局部河道

从地图上看，潭蓬运河、皇帝沟运河、西坑运河同处于北部湾海域，均从狭窄处将半岛截断而沟通两端海域。三条运河毗邻，皇帝沟运河居中，其东为西坑运河，西为潭蓬运河，相邻运河之间直线距离不足 20 公里，三者支撑形成了一条相对较直的航线。唐代对潭蓬运河、皇帝沟运河、西坑运河的开凿以及北部湾运河体系的最终形成，极大改善了“钦廉而西，尤为难行”的状况，改变了北部湾航线蜿蜒曲折的情况，提升了该海域航行的安全性。这使得钦州、防城港与合浦乃至越南之间的海上交通更为顺畅、便捷，使得古老的北部湾航线再现新活力，为唐宋时期本区域商贸发展打下基础。

2019 年西坑运河吊水口段河道清淤出土的部分陶瓷器标本
（图片源自《2019 年钦州市西坑古运河考古调查和试掘完工报告》）

2019 年西坑运河吊水口段河道清淤出土的部分陶瓷器标本
（图片源自《2019 年钦州市西坑古运河考古调查和试掘完工报告》）

二、皇城坳遗址

皇城坳遗址位于广西壮族自治区防城港市港口区沙潭江街道办沙港社区（原公车镇沙港村），与洲尾遗址、皇帝沟运河同处在企沙半岛之上。此遗址之所以得名“皇城坳”，或与杨彦迪（杨二、杨义）的传说有关。民间盛传明末清初杨彦迪曾在沙港村附近扎营驻军开展反清活动，自立为王之后建“王城”。正如上文所述，因地方方言发音中“王”“皇”同音，所修之“王城”也被称作“皇城”，皇城坳因此得名。多年来，周边群众在此区域开展生产劳作，不时发现残砖碎瓦及陶瓷器物残件等，还捡到过铜镜以及陶罐、瓷碗的完整器。第三次全国文物普查以后，该遗址于 2012 年被公布为文物保护点。近年，随着出土物品的增多，皇城坳遗址日益引起社会各界关注，成为地方历史文化遗存中的一个热点关注对象。

为了回应社会关注，弄清遗址的时代、性质等问题，2016 年，广西文物保护与考古研究所对皇城坳遗址核心区的城顶岭进行了试掘，并在周边开展了考古调查。试掘面积 412 平方米，出土了包括罐、盆、钵、盏等器形陶器和碗、碟、盏等器形瓷器在内的一批陶瓷残件，以及大量的砖、瓦等建筑构件，发现墙基、柱洞、排水沟等建筑遗迹。

根据出土文物和调查情况，调查组得出初步结论：“城顶岭遗址表土层以下地层和遗迹单位出土的瓷器，年代为南宋，根据考古学层位关系和共存关系判断，城址年代属于南宋……各遗址表土还发现青花瓷等晚期遗物，表明南宋之后仍有人在此活动。城顶岭遗址发现的砖、瓦等建筑构件，以及瓦当、吻兽、佛塔等屋顶饰件，具有一定的等级规格，应属于官方机构。”①

笔者认为，这个结论是具有说服力和可信度的，原因如下：其一，遗址出土了较为丰富且具有鲜明南宋特征的陶瓷器等文物，有着重要的断代物证支撑；其二，考古调查结果虽推翻了此前县志和民间关于皇城坳遗址时代、性质等的原有认识，但不同时代物品的出现，说明南宋以后此遗址还有人群活动，也就是说，皇城坳遗址属于南

① 广西文物保护与考古研究所：《防城港皇城坳遗址考古调查试掘工作报告》（内部资料），第 5—6 页。

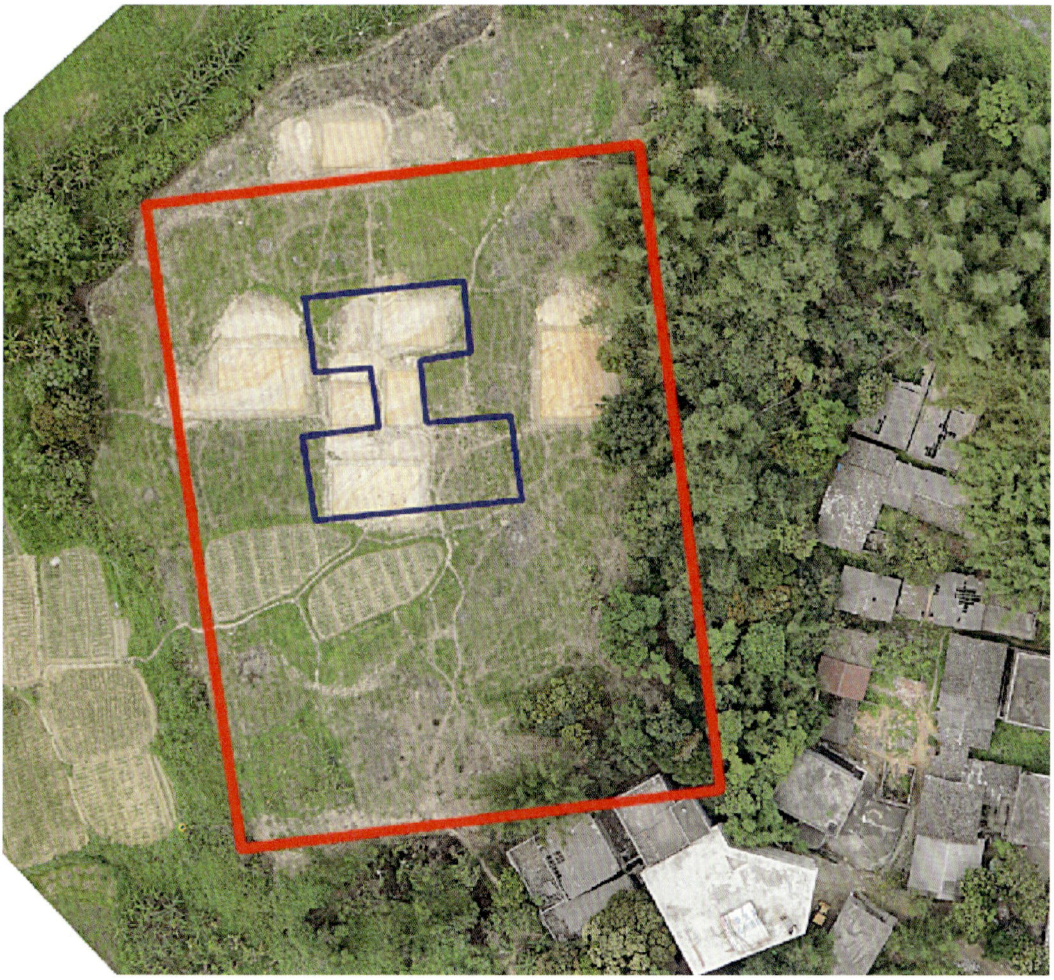

皇城坳遗址的城墙（红线）、高台（蓝线）位置示意图（图片源自《防城港皇城坳遗址考古调查试掘工作报告》）

宋遗址的界定并不排除之后其他人类在此地活动的可能，一定程度上合理解释了县志和民间关于杨彦迪建“皇城”之说——很可能该地名在历史上曾经有过变更，在杨彦迪之前另有他名，但杨彦迪到达此区域活动后，催生了现名并沿用至今；其三，皇城坳遗址属于南宋遗址、官方机构建筑遗址的断代和认定，与毗邻的洲尾遗址遗存及古籍文献中关于博易场的记载，在一定程度上可以相互印证。首先，皇城坳遗址与洲尾遗址时代相近，出土文物有较高关联度，且可通过皇帝沟运河连通，两者之间显然关系密切；其次，从《岭外代答》关于钦州博易场“官为之秤香交锦，以成其事。

既博易，官止收吾商之征”[①]的记载可知官方机构对于博易场进行征税、提供服务，也就是说博易场有专门的官方管理机构存在，而皇城坳遗址具有官方机构特征的建筑元素与之印证，或可推测其为洲尾贸易场的管理机构。也许有人会问，皇城坳与洲尾之间有一段距离，洲尾贸易场的管理机构为何不设在洲尾？对于这个问题，笔者认为，在等级森严的中国封建社会，作为贸易场管理机构的官署不与“末流”的“商”杂处是可能的。而在坚守等级制度与便利管理的平衡中，在贸易场邻近地区另择一地作为管理机构所在——比如今之皇城坳，也是合理的。

可以说，近年皇城坳遗址的考古调查新发现，不仅解决了该遗址的时代、性质等基本问题，逐步揭开了其原本真实面貌，更为重要的是，种种迹象表明其或与洲尾遗址一起共同构成了贸易场设施体系。皇城坳遗址的发现进一步完善了洲尾遗址作为贸易场的证据资料，起到了有力支撑和重要补充的作用。

基于丰富的出土文物，尤其是外销陶瓷器、古钱币等贸易相关物品的大量涌现，以及港口、建筑等遗迹的出现，结合唐宋时期广西沿海口岸兴起，北部湾地区多个贸易场先后出现及潭蓬运河、皇帝沟运河、西坑运河等共同组成的唐代北部湾运河体系使得北部湾海域航行条件极大改善等时代背景和历史事实，考虑到皇城坳遗址、皇帝沟运河、洲尾遗址等的考古发现和关联互证，来自国家文物局水下文化遗产保护中心、北京大学、福建博物院、广西文物保护与考古研究所等单位的专家于 2019 年 12 月对洲尾遗址进行了实地调研，在品鉴出土文物后，得出结论：新发现的洲尾遗址是一个重要港口和贸易点遗址，是海上丝绸之路北部湾段的重要见证和珍贵遗存，其发现具有重要意义。

综合各方因素考虑，笔者认为，洲尾遗址具备古代贸易场的相关条件，且证据确凿，与如洪寨、钦州博易场等相似，是唐宋以后广西北部湾沿海诸多贸易场的重要成员。

① 周去非著、杨武泉校注：《岭外代答校注》，中华书局，1999，第 197 页。

2016 年皇城坳遗址试掘出土的部分瓷器（图片源自《防城港皇城坳遗址考古调查试掘工作报告》）

2016 年皇城坳遗址试掘出土的部分陶器（图片源自《防城港皇城坳遗址考古调查试掘工作报告》）

2016 年皇城坳遗址试掘出土的部分陶器（图片源自《防城港皇城坳遗址考古调查试掘工作报告》）

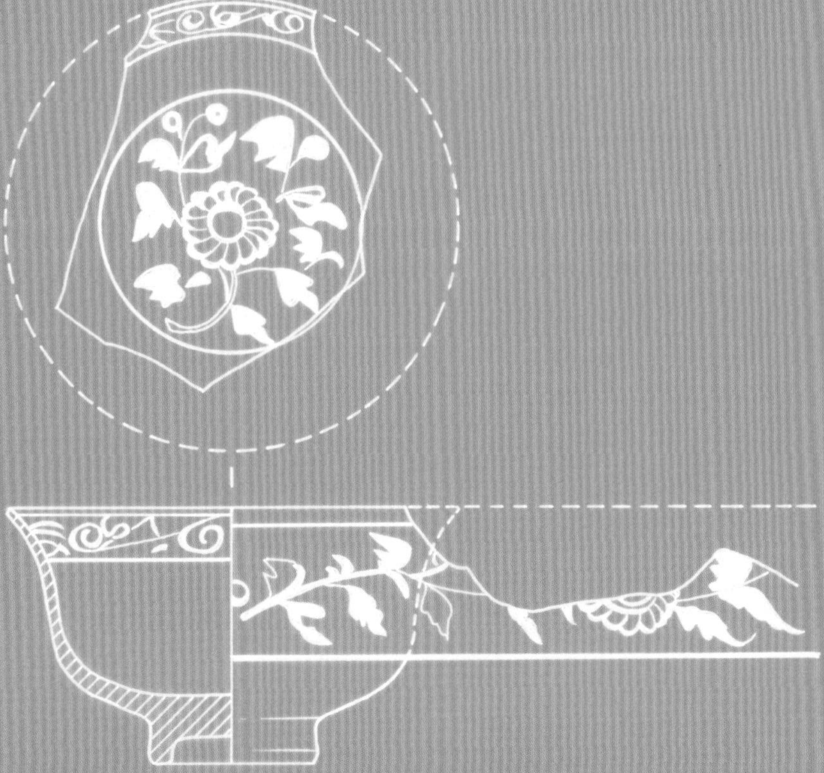

第三章

基于现有遗存的相关认识

本章将结合洲尾遗址发现的遗物、遗迹，围绕洲尾贸易场的起止兴衰、贸易商品和贸易线路、贸易场性质与影响等问题，展开探讨论述，尝试还原洲尾贸易场的大致面貌。

第一节 贸易场的时代起止与发展历程

关于洲尾贸易场的时代起止问题，笔者在2016年6月、2017年1月两次对该遗址进行田野调查的基础上，依据所采集陶瓷标本的时代信息，首次提出“可初步推断洲尾或为一个古代贸易点，其时间跨度约为宋代至明代”①的观点。而后，随着出土文物的增多，尤其是唐代青瓷器、唐年号钱币等陆续出现，笔者又提出了洲尾贸易场“是中国南方离边境最近的古代沿海贸易场，其主要贸易参与者是与防城港山海相连的越南等国家和地区，时间跨度约为唐末至明初”②的观点。对照前后可见，关于洲尾贸易场的时代判断虽大致相近，但起止时间点有所变化。那么，哪个时间点更为接近事实呢？洲尾贸易场持续期间，发展轨迹又是怎样？笔者认为，可以从洲尾遗址出土物品、遗迹及与之邻近并相关的遗址所反映的时代信息进行分析判断。

一、洲尾遗址出土陶瓷器体现的时代信息

陶瓷器是洲尾遗址最主要的出土物品，关于其数量、器形、产地等基本信息，前文已有描述，此处仅就其年代问题进行探讨。从目前掌握的考古调查资料来看，洲尾遗址出土的陶瓷器中，除少数几件陶器因残缺严重难以判断，不排除其为较早时代出品外，其余出土物品可判断最早为唐代，迟至清代甚至民国时期。这是否为该遗址存在时代的上下限？显然，对于遗址的断代不能如此简单草率，因为后世活动的重叠、对遗址的扰乱是十分常见的，况且洲尾遗址现有遗存虽堪称丰富，但与如此之长的时间跨度并不匹配。要准确地对遗址进行断代，需要对其出土物品做单个整理、整体观察。受项目经费缺乏、专业技术人员不足等条件所限，目前防城港市博物馆尚未完成对洲尾遗址出土物品的全部整理工作。但是，从笔者全程参与该遗址调查所了解到的基本情况和目前已整理的部分出土物品信息来看，洲尾遗址出土陶瓷器在时代上总体呈现宋元时期为主，明代次之，唐代占少数，清代、民国零散发现的规律。

上述仅为相对模糊的认识，而通过一组具体数据来观察，或更为清晰和直观。2020年5月，为解决部分标本的断代问题，笔者从洲尾遗址2017—2019年出土物品中选取了较具代表性的一批陶瓷标本送往南宁，请求自治区专家帮助鉴定。本次选取的标本中有少部分是此前鉴定存疑或存在意见分歧的，但更多的是为了开展研究而以

① 何守强：《防城港水下考古陆地调查报告》，《防城港水下考古陆地调查研究》，广西人民出版社，2017，第12—13页。
② 何守强：《潭蓬运河研究》，漓江出版社，2019，第135页。

种类为单位进行选取，具有一定的代表性和参考度。专家组认为，在 111 件陶瓷器标本中，有 10 件因信息有限暂不确定年代，有 6 件为唐代，41 件为宋代（其中又以宋中后期为主），4 件在宋元之间，7 件为元代，23 件在宋明之间，14 件为明代（明代早期为主），1 件为明清之间，4 件为清代，1 件为民国时期。从鉴定结果来看，单个时代中，宋代陶瓷器的数量最多，明代次之，元代排第三；以跨越不同朝代的“组合”去观察，宋元时期共 52 件，宋至明共 89 件。这些数据所反映的各个时期物品占比情况与总体出土情况大致吻合，但需要指出的是，陶瓷器标本中清代、民国时期占比相较于实际出土物品占比更大，即清代、民国时期的出土物品相对较少。仅以明清时期代表性瓷器青花瓷为例，整个遗址出土标本不足 20 件，由此可见一斑。

既然是贸易场遗址，当然要考量遗址出土的外来物品。在洲尾遗址出土的大量陶瓷器中，有一部分来自越南。附着于它们之上的时代信息无疑是洲尾遗址断代的重要参考。正如前文所述，洲尾遗址出土的越南瓷器多仿中国龙泉窑、耀州窑两大窑系产品，因而人们在初期并未认识到此类瓷器的外来性质。随着考古调查的深入和同类物品出土数量的增多，经多位专家鉴定，才明确为越南瓷器。关于洲尾遗址出土的越南瓷器所属时代，较早可参考的检测材料为《广西北部湾地区出土唐宋元陶瓷的科技分析》，此报告为广西文物保护与考古研究所在 2017 年组织实施的检测项目之成果。防城港市博物馆将洲尾遗址出土的 11 件标本送检，后经中国科学院上海光学精密机械研究所科技考古中心检测，结果为：“防城港洲尾采集样品时期为宋元时期。其中，龙泉窑青瓷（包括 2016ZW 采：202；2016ZW 采：268；2016ZW 采：287）器物白胎、青釉，装饰刻划纹饰，烧制水平较高。其他青瓷胎色灰白、釉色青黄，部分装饰模印纹饰，质量及烧制工艺稍差。”[①]此外，也有研究认为：“北部湾沿海的防城港洲尾地区发现了几件越南生产的仿广西耀州窑系青瓷碗残片。这些瓷器均为口沿内折……圈足常见越南瓷器较为典型的‘铁汁’底。根据器形、纹饰、胎釉特征和制作工艺来看，与越南北部河内、南定省出土的 12—14 世纪的仿我国耀州窑系青瓷器较为相似。”[②]可以看出，以上两个观点在时间界定上较为接近，在宋代中后期到元代之间这个时间存在交集。

2019 年 10 月，笔者随同复旦大学专家组到越南进行交流学习，有幸访问了越南

① 中国科学院上海光学精密机械研究所科技考古中心：《广西北部湾地区出土唐宋元陶瓷的科技分析》（内部资料），第 8 页。
② 熊昭明、韦莉果：《广西古代海上丝绸之路》，广西科学技术出版社，2019，第 104 页。

几家文博单位及多处古代陶瓷窑址。其间，发现了与洲尾遗址出土的越南陶瓷器窑口一致及相近物品。其中，陶器方面，占洲尾遗址出土陶器多数且在防城港沿海常见的以平底、直腹、厚胎为主要特征的硬质陶钵、陶罐，在中国境内几乎只在防城港可以见到。对于这些陶钵、陶罐的功用与窑口来源，始终没有比较确定的答案。这次参加对越南的交流考察活动，笔者在越南北宁省北宁市万安社当舍窑所在附近村庄道路旁及桥江一渡口发现了与洲尾出土的陶钵、陶罐相近的大量残件（片），而后又在海阳省博物馆展厅、文物库房见到了一大批完整器，并在升龙皇城遗址考古现场也发现了类似物品。据越南专家介绍，这些陶钵、陶罐为当地窑场烧制，时代为 14—15 世纪。此外，在洲尾遗址中出土了多件体形较大的圆钮弦纹器盖，在越南升龙皇城遗址中也多有发现，越南学者认为其烧制时代约为 14 世纪。瓷器方面，洲尾遗址出土的越南瓷器以仿中国龙泉窑系、耀州窑系的青瓷器为主，另有青白瓷、酱釉瓷等。笔者在海阳省南册县太新社朱豆窑、海阳省博物馆、越南国家历史博物馆等地见到了与洲尾遗址出土相似的瓷器，这些瓷器中时代较早的，例如越南仿中国龙泉窑的莲瓣纹青瓷碗（越南国家历史博物馆展出），其时代为 11—14 世纪。此件青瓷碗和洲尾遗址出土的仿龙泉青瓷碗一样，具有胎质疏松、釉面开片细密的特征，但其外壁装饰的莲瓣更大。参照越南的断代信息并结合器物的装饰特征，笔者认为洲尾遗址所出土的越南仿龙泉青瓷碗时代为 13—14 世纪。又如，保存在越南社会科学翰林院京城研究所标本室的青白瓷钵属于 13 世纪，在升龙皇城遗址展示厅中的青瓷钵时代标注为 13—14 世纪。值得注意的是，这类越南瓷器在洲尾遗址出土有一定的量，但不属于占比最大的，其中占据多数的与朱豆窑遗址、海阳省博物馆等地发现及展示的更为相近，其时代在 14—15 世纪。

根据这些信息或可推断洲尾贸易场的发展历程。

（一）洲尾贸易场的时间上下限

从出土陶瓷器的整体状况而言，洲尾遗址涉及的时代由唐代至民国。就时间上限来看，该遗址出土的唐代陶瓷器数量虽不是很大，但也具有一定占比，因而基本可以确定唐代是遗址时间上限即贸易场的初步形成阶段。而从出土器物多属中晚唐，另有部分处于五代至宋初区间的情况来判断，洲尾遗址的确切起始时代应为唐末。就其时间下限来说，鉴于民国以及清代物品数量极少，现有遗存不足以作为贸易场时间延续的证据，而明代尤其是明代早期遗物较为丰富，由此，明代应为洲尾贸易场的终止时期。即洲尾贸易场始于唐末，终于明代。

（二）洲尾贸易场的繁华时期

如上文所说，101 件陶瓷抽样标本的断代结果，明确为宋元时期的有 52 件，另有 23 件标本模糊判断为宋明之间。可以说，此组文物中以宋元器物占多数，而其中又以南宋中晚期占多数。因而，南宋中晚期至元代或为洲尾贸易场的繁华时期。这也可从洲尾遗址出土的越南陶瓷器中找到证据支撑。从现有洲尾遗址出土的越南陶瓷器看，时间跨越 13—15 世纪，其中又以 14—15 世纪居多。洲尾遗址有多个时期的越南陶瓷器出现，这说明越南持续通过北部湾海域与中国开展商贸活动。洲尾遗址出土的越南陶瓷器中有部分属于 13—14 世纪，这与上文所推断的洲尾贸易场巅峰时期为南宋中晚期至元代相吻合。

当然，不可忽略的是，洲尾遗址出土的越南陶瓷器以 14—15 世纪为主，这是否与“洲尾贸易场巅峰时期为南宋中晚期至元代”的判定存在矛盾？笔者认为，越南陶瓷器在洲尾遗址所出土物品中虽占有一定的比重，但就总量而言，洲尾遗址出土物仍以中国物品为主，越南陶瓷器属于少数。因此，越南陶瓷器以 14—15 世纪的居多，并不能推翻前文关于洲尾贸易场繁荣期的判断。它与洲尾遗址出土的许多中国明代物品，共同说明了贸易场时代的延续性。显然，“洲尾遗址出土的越南陶瓷器以 14—15 世纪为主”这个信息，是观察洲尾贸易场各参与方在不同历史阶段贸易互动情况、贸易关系的重要参考，尤其反映出了越南与中国陶瓷贸易之间的变化。同时，也能借此窥见中国明代海禁政策的断续实施，以及由此造成的中国外销陶瓷行业的衰落，越南、泰国等东南亚国家的乘机崛起等深层次的变迁。

越南北宁省万安社陶钵残片

越南海阳省博物馆馆藏陶钵

洲尾遗址出土陶钵

越南北宁省万安社陶罐残片（左）与洲尾遗址出土陶罐残片（右）

越南海阳省博物馆馆藏陶钵（左）与洲尾遗址出土陶钵（右）

越南升龙皇城出土器盖残件（左）与洲尾遗址出土器盖残件（右）

越南北宁省万安社出土瓷片

越南海阳省博物馆展出瓷器

洲尾遗址出土瓷片

越南社会科学翰林院京城研究所瓷碗标本

洲尾遗址出土瓷碗

二、出土钱币体现的时代信息

（一）出土越南仿中国钱币

如第一章所述，现藏于防城港市博物馆的 2011 年征集于洲尾的出土钱币，年号包括中国的唐、宋、明等多个历史时期，但经广西壮族自治区博物馆原馆长黄启善研究馆员鉴定，这些钱币基本上是越南仿制的。我们知道，仿制钱币中往往既有仿当代的，也有仿前朝的。经鉴定，洲尾出土的开元通宝、乾元重宝就是越南于宋代仿制的。因为这种现象的存在，我们不能简单地根据钱币年号来进行仿制钱的断代。当然，受信息传播、铸币技术、货币成本、流通速度等因素制约，在古代中国的新旧政权更替期间，货币混用的现象很普遍，因此，即便是对于中国钱币，也不能仅凭年号断代。

回归这批越南仿中国钱币，还有以下信息值得注意。

其一，这些钱币涉及 28 个年号，说明了其时代的复杂性。就钱币的仿制而言，版本越多，成本就会越高。从此种角度来看，这批越南仿中国钱币不太可能是同一批次铸造的，也就是说不同年号应为不同时期所造。如此之多年号各异的钱币一起出土，很有可能是这些钱币经过较长时间的混合流通之后集中于财富所有者且被窖藏一处，一定程度上反映了洲尾贸易场的时间跨度。

其二，以北宋年号钱为主，或反映出其大致时代信息。28 种年号钱中，25 种为宋代年号钱，且其中又仅有淳祐元宝 1 种为南宋年号钱，其余 24 种全是北宋年号钱。考虑到信息传递的延迟，这些钱币的铸造时代应在北宋及更晚时期；而从上文提到的开元通宝、乾元重宝为越南于宋代仿制唐年号钱来看，同一批出土的北宋年号钱同样具有后世仿制的可能，这符合越南等东南亚国家仿制宋钱的历史事实，“越南丁朝建国后，就仿中国宋钱铸造出‘太平兴宝’铜钱，其后有太平通宝、大定通宝、绍圣元宝、太平圣宝等。币形为方孔圆钱……这种全仿中国宋代年号钱，大小、厚度、规格、质地都与中国宋钱相似，反映了越南钱币文化受中国钱币文化所影响之深”①，而且，“如越南、印尼都仿铸宋。宋钱与所仿制钱混合流通，尤其是边贸活动无须兑换”②。此外，至和元宝、绍圣元宝、圣宋元宝等发行年限较短的钱币的出现，也说明了这批钱币为后世仿制的可能性大。至于铸造的具体时间，从出土钱币

① 黄启善：《试论宋代货币的传播对东南亚地区的影响》，载《黄启善论文集》，广西教育出版社，2019，第 347 页。
② 黄启善：《试论宋代货币的传播对东南亚地区的影响》，载《黄启善论文集》，广西教育出版社，2019，第 350 页。

中包括少量洪武通宝来看，应该止于明代初期，多数或在北宋晚期至元代之间。

（二）出土的中国钱币

洲尾遗址零散出土的钱币中，包括了我国自己铸造的熙宁重宝、崇宁重宝等宋代年号钱，其年号对应时间基本为北宋中晚期，如崇宁重宝的铸造时间与南宋较为接近。

三、其他能够体现洲尾贸易场时代信息的要素

关于洲尾贸易场的时代判断，或可从与之相关的遗址、古籍文献记载中得到线索和依据。就遗址而言，跟洲尾贸易场密切相关的是与之毗邻的潭蓬运河、皇帝沟运河、皇城坳遗址。三者之中，潭蓬运河、皇帝沟运河的开通，极大改善了北部湾航线的海上交通条件，也进一步促进了本区域的商贸发展，更为重要的是，它们直接催生了洲尾贸易场。具体说来，自汉代以后，防城港众多海湾作为合浦港与东南亚地区海上航线的必经点，成为海上丝绸之路的组成部分，为来往船只提供避险之所，补给日用之需。与防城港其他海湾相比，洲尾原本并不突出。但是，周边运河开凿后，洲尾恰处于皇帝沟运河西口，加之洲尾本来就是天然避风港，又有相对平坦的陆地，优势明显，逐渐成为过往船只停泊休整和开展贸易的首选之地。在此基础上，洲尾贸易场渐渐形成，开始形成时间应大致在潭蓬运河开通以后，也就是晚唐时期——这与洲尾遗址出土的占有一定比例的唐代青瓷碗、青瓷罐等器物信息相吻合。

就古籍记载而言，《宋史》《武经总要前集》等记载了北宋在今防城港、钦州沿海地区设置海防机构及贸易场所（如洪寨、咄步寨、抵棹寨等）的情况，《岭外代答》有关于南宋时期远近闻名的钦州博易场的详细记录，这说明了两宋时期该区域商贸蓬勃发展及海上活动的活跃。洲尾与这些遗址之间仅有数公里至数十公里不等的距离，可谓邻近，彼时形成贸易场也属正常。

根据以上观察与分析，笔者认为，洲尾贸易场形成于唐末，兴盛于两宋，在南宋至元之间发展达到了顶峰，明初开始衰落，并于明代中期终止。

第二节 贸易商品与贸易线路

一、贸易商品

洲尾遗址出土物品以陶瓷器为主，伴以少量金属残存。显然，陶瓷器应是该贸易场的商品，至于金属器物，除了部分带有明显使用痕迹的，其余釜、锅、刀等日常生活用具也有可能是交易商品。这些物品基本上是性质比较稳定的物质，所以得以保存下来。而彼时贸易场中的商品必然还有很多，只是未能保存下来而已。对于那些“无迹可寻”的商品，笔者认为可从两个方面来“还原”和认识：一方面可探寻彼时该区域及周边地区有哪些特产，另一方面可借鉴同时期周边地区贸易场的情况进行分析。

就特产而言，与洲尾遗址相距数十公里的合浦，至迟于汉代起就盛产珍珠、茶叶、丝绸和陶瓷。有研究表明，自汉代合浦港兴起，珍珠、茶叶、丝绸便是当时海上丝绸之路的主要商品，而到了唐代，合浦青瓷器也跻身其中，与广东青瓷一同成为彼时中国的典型外销瓷代表。“汉唐时期的合浦不但是南疆重镇，也是‘南疆的一大都会’、对外‘互市口岸’。合浦不但是茶叶、珍珠、丝绸、陶瓷的产地，也是茶叶、珍珠、丝绸、陶瓷的集散地”[①]。同时，广西具有悠久的海盐制作历史，宋时廉州石康所产海盐早已闻名于世，洲尾贸易场所在的今防城港地区至迟于南宋时期开始制作海盐并形成规模。按照周去非在《岭外代答》所载，“自南渡以来，广西以盐自给”，且因战争动乱“淮盐不通于湖湘”之时，“广西盐得以越界”。南宋之时广西所产之盐不仅能够自给自足，还有能力趁机占领周边市场，可见广西沿海制盐业已具有较大规模，成为彼时广西的支柱产业和重要财源。那么，海盐理应是洲尾贸易场交易的商品之一。再者，古代广西地区的织品以其精美、耐用而颇具盛名，具有广泛的市场。“邕州左、右江峒蛮，有织白緂，白质方纹，广幅大缕，似中都之线罗，而佳丽厚重，诚南方之上服也。”[②]周去非认为，壮锦是南方的“上服”。而“广西触处富有苎麻，触处善织布。柳布、象布，商人贸迁而闻于四方者也”[③]的描述则说明了广西土布原材料的丰富、本地人善织以及各种桂布因商贸流动而远近闻名的情况。因而，壮锦、桂布理应亦是洲尾贸易场的交易商品。当然，“广西桂树又极多，号‘桂海’，桂肉可食，又可用于药，枝还能发散。宋代广西所产桂肉行销各地。桂肉也是钦州博

① 梁炳猛：《汉唐时期的合浦与北部湾海上丝绸之路》，《创新》2010 年第 1 期，第 26 页。
② 周去非著、杨武泉校注：《岭外代答校注》，中华书局，1999，第 223 页。
③ 周去非著、杨武泉校注：《岭外代答校注》，中华书局，1999，第 223 页。

易场常见的交易物品”[1]，桂圆、桂皮等也应是洲尾贸易场日常交易物品。

此外，船舵应是洲尾贸易场较大体形的商品。周去非在《岭外代答》中写道：“钦州海山，有奇材两种……一曰乌婪木，用以为大船之柂，极天下之妙也。番舶大如广厦，深涉南海，径数万里，千百人之命，直寄于一柂。他产之柂，长不过三丈，以之持万斛之舟，犹可胜其任，以之持数万斛之蕃舶，卒遇大风于深海，未有不中折者。唯钦产缜理坚密，长几五丈。虽有恶风怒涛，截然不动，如以一丝引千钧于山岳震颓之地，真凌波之至宝也。此柂一双，在钦直钱数百缗，至番禺、温陵，价十倍矣。”[2]字里行间充满了作者对于钦产船舵的赞许，从中可看到其以安全性为主的诸多优点，同时，其运至广州、泉州之后卖价是在原产地的10倍，这种价格对比说明了乌婪木制成的船舵作为商品流动的现实存在。在文末，周去非另有“然得至其地者，亦十之一二，以材长，甚难海运故耳”的补充，说这种船舵因其体形较大而运输较难，一定程度上影响了流通。即便如此，正如其言，哪怕“十之一二”卖至广州、泉州，也能说明彼时该类船舵的销售现象，而交易地点自然主要是包括洲尾贸易场在内的北部湾沿海贸易场。

就借鉴参照周边贸易场情况而言，目前具有详实文献可供参考的主要是钦州博易场。关于钦州博易场的确切位置，现阶段尚缺考古资料的支撑与证明，学界倾向于依据《岭外代答》所载的“城外江东驿”，认为其位于今钦州城区或附近。不论具体位置如何，其处于今钦州至防城港沿海一带的大概区域是肯定的，也就是说洲尾遗址与其相距不远，甚至不排除重合或部分重合的可能。因此，笔者认为可通过《岭外代答》所记载的钦州博易场的相关情况来推测和认识洲尾贸易场的交易商品。

其以鱼蚌来易斗米尺布者，谓之交趾蛋。其国富商来博易者，必自其边永安州移牒于钦，谓之小纲。其国遣使来钦，因以博易，谓之大纲。所赍乃金银、铜钱、沉香、光香、熟香、生香、真珠、象齿、犀角。吾之小商近贩纸笔、米布之属，日与交人少少博易，亦无足言。唯富商自蜀贩锦至钦，自钦易香至蜀，岁一往返，每博易动数千缗，各以其货互缄，逾时而价始定。[3]

① 朱文慧、王元林：《宋代广南西路的三大博易场和海南岛的对外贸易》，《海南大学学报（人文社会科学版）》2010年第28卷第5期，第16页。
② 周去非著、杨武泉校注：《岭外代答校注》，中华书局，1999，第219—220页。
③ 周去非著、杨武泉校注：《岭外代答校注》，中华书局，1999，第196页。

由上述引文可见，周去非对于博易场的各方商人、交易互动、官方管理及商品货物等进行了详细描述，这是目前为止发现的有关广西北部湾沿海古代贸易场最为详细的记录。根据周去非的记载，零散贸易、富商大贾之间的交易及官方贸易等不同规模和类型的交易均在贸易场内完成。零散贸易为越南“交趾蜑”与中国“小商”之间进行，交易商品主要是越南的鱼虾蚌螺等海产品和中国的米布纸墨等生活日用品，规模、数量较小，但参与人数应该不少；“小纲”贸易为“移牒”而来的越南富商与中国富商之间的贸易，“大纲”则是越南朝廷组织的官方商贸团队与中国富商之间进行的大宗贸易，“小纲”“大纲”是贸易场的主角。按照《岭外代答》的记载，交易商品中有越南之“金银、铜钱、沉香、光香、熟香、生香、真珠、象齿、犀角”及中国的蜀锦，但考虑到博易场的繁华程度和商贸方式，中国商品应不限于蜀锦，也当包括洲尾遗址出土的陶瓷器这类的物品以及彼时北部湾及周边区域的特产，等等。

根据周去非的记载可知，中国官方对钦州博易场内交易的中国商人征税的税率较低，对于越南等外商则实施免税。这样的政策鼓励了海外贸易，是广西北部湾沿海经济较快发展和贸易场得以兴盛的原因之一。

二、贸易线路

结合现有的遗存及相关文献，以洲尾遗址为中心来进行考察，洲尾贸易场至少有东、西两个方向的 4 条贸易线路。

（一）洲尾经广东至东南沿海往返线

在洲尾遗址出土的中国瓷器中，有部分为浙江龙泉窑青瓷、江西景德镇出产的青瓷及青花瓷，还有部分为洲尾以东的广西钦州、北海至广东雷州半岛一带沿海青瓷窑群出产的青瓷。这些瓷器除景德镇窑出产的之外，均是沿海地区所产，应是自东向西沿着海岸线而来。当然，也不排除景德镇青瓷、青花瓷通过内陆水运至浙江或福建，再转由海路运输的可能。这些瓷器在洲尾遗址的成批次出现，说明了由浙江、福建经广东进入广西北部湾地区的自东向西沿海贸易航线的存在。此外，近年有学者在对洲尾遗址、台湾地区及日本等地出土的越南青瓷器进行比较研究的基础上，提出了在我国台湾地区、日本出土的越南青瓷器是“被闽、粤商人由北部湾地区越琼州海峡，中转至流求后，沿群岛北上至日本博多等地”[①]，即这些越南青瓷器经洲尾贸易场中转后，继续自西向东并往东北方向至日本，“其产品流向勾勒出一条经由北部湾沟通越南、中国东南沿海及日本的海上贸易路线”[②]。对于此观点，笔者是比较赞同的。通常而言，贸易航线不可能是单向的，从东南沿海贩运瓷器到达洲尾贸易场的船舶，其返程不可能空舱而归，必然是满载而返以追求更多利润。所载者无非洲尾贸易场所销售的广西土产及包括各种香料在内的来自越南等地的舶来品，“防城港洲尾地区发现的越南仿耀州窑系青瓷碗、碟、钵、杯等，应是交趾舶商通过博易场贩售至北部湾沿海的。与越南仿耀州窑系青瓷同出的还有龙泉窑及福建、广东等地的仿龙泉窑青瓷……均反映了福建、广东等地商人‘舶以酒、米、面粉、纱绢、漆器、瓷器等为货’，至北部湾沿海进行贸易，贩回香料等土特产的近海贸易情况”[③]，而作为洲尾至东南沿海贸易航线延长段的我国台湾及日本等多地所发现的越南青瓷器则证明了这一点。

此条航线是汉代海上丝绸之路的“故道”，唐朝时，为解决集结于广西合浦、拟从南诏手中收复安南的大军粮草问题，陈磻石上书唐懿宗，奏言中有：“臣弟听思曾任雷州刺史，家人随海船至福建，往来大船一只，可致千石，自福建装船，不一月至广州。得船数十艘，便可致三万石至广府矣。”[④]可知时人日常往来福建与广州之间主要走海路，而陈磻石所提建议被采纳，“陈磻石上书，请造千斛大船，自福建运米，泛海一月至广州，军食遂足。从之”[⑤]，说明了至少在晚唐时期，福建经广州进入广西北部湾的海路航线依旧存在，且具备大型船只的通航条件。而南宋初期从福建泉州启航，在广东阳江海域遇险的“南海一号”沉船，遗留了18万余件精美文物，为世人了解彼时海上丝绸之路提供重要实物资料，直接证明了宋元时期东南沿海经两广地区至东南亚海上贸易航线的延续。这些都说明了此航线在历史上多个时期发挥着作用。

---

① 霍巍、韦莉果：《11～14世纪的越南仿耀州窑系青瓷及相关问题研究》，《江汉考古》2019年第5期，第108页。
② 霍巍、韦莉果：《11～14世纪的越南仿耀州窑系青瓷及相关问题研究》，《江汉考古》2019年第5期，第103页。
③ 霍巍、韦莉果：《11～14世纪的越南仿耀州窑系青瓷及相关问题研究》，《江汉考古》2019年第5期，第107—108页。
④ 刘昫等：《旧唐书》卷十九，中华书局，1975，第652页。
⑤［越］黎崱著、武尚清点校：《安南志略》，中华书局，2000，第99页。

合浦晚姑娘窑青瓷碗残片（左）、洲尾遗址出土的青瓷碗残片（右上）与越南出土的青瓷碗（右下）（图片来源：《广西古代海上丝绸之路》）

洲尾遗址出土的浙江瓷器

（二）洲尾经合浦至广西内陆及周边地区往返线

广西河流纵横，内部各地之间基本可以通过自然水道沟通，而外部既有天然的牂牁江水道可通今贵州、四川、重庆等地，也有人工水道，如沟通湘、漓水系的灵渠，打通了今广西与中原地区的内河水路，“使长江上的船只可以经湘江，过灵渠，入漓江、桂江南下，取西江东行而抵达番禺，或溯浔江西行而抵布山、临尘，使水道纵横的岭南无所不通”[①]，可谓四通八达。

在洲尾遗址出土有藤县中和窑青瓷，在防城港沿海多处海湾、码头也零散分布有浦北小江窑瓷器残件，这些瓷器时代不同、产地各异，但都应是通过北流江、南流江等水系经合浦进入沿海地区。它们的出现，说明了广西内陆地区销往海外的瓷器路经防城港的事实，尤其是藤县中和窑青瓷在洲尾遗址的出现，说明了洲尾遗址与包括藤县在内的广西内陆地区存在着贸易航线。而《岭外代答》有关钦州博易场的记载 “唯富商自蜀贩锦至钦，自钦易香至蜀，岁一往返，每博易动数千缗”，描述了四川富商从蜀地运锦到北部湾沿海进行贸易，并采购越南香料等货物返回的情况。这样动辄“数千缗”的大宗交易，其货物的运输必然依赖于水路，可推断有一条连接防城港与西南内陆地区的商贸线路存在。

（三）洲尾经潭蓬运河至越南往返线

在北宋王朝开放廉州、如洪寨等沿海互市贸易点之后，越南于宋真宗大中祥符三年（1010 年）“遣使来朝，表求甲胄具装，诏从其请。又求互市于邕州……”[②]越南关于开放邕州互市的请求虽被拒绝，但由此可见北宋时期越南对于广西边境互市贸易的强烈需求。《岭外代答》中“凡交趾生生之具，悉仰于钦，舟楫往来不绝也”的记载，一方面形象地展现了彼时越南对于广西北部湾沿海贸易的依赖与积极参与，另一方面也说明了防城港至越南的近海航线的持续繁华。而洲尾遗址出土的大量越南陶瓷器，是越南参与洲尾贸易场活动，以及洲尾、越南之间贸易航线存在的直接证据。此外，沟通了洲尾贸易场与越南来往航线的潭蓬运河，近年出土出水了包括两广地区青瓷、龙泉窑青瓷、景德镇青花瓷等在内的较为丰富的中国多个地区不同时代的瓷器，

---

① 岳南：《越国之殇：广州南越王墓发掘记》，商务印书馆，2011，第 79 页。
② 脱脱等：《宋史》卷四百八十八，中华书局，1977，第 14065 页。

潭蓬运河出土的陶罐（左）与越南海阳省博物馆展出的陶罐（右）

潭蓬运河出土的瓷器残片（左）与越南海阳省博物馆展出的美社窑产品（右）

以及越南青瓷、青花瓷、平底直腹陶钵、陶罐等。经观察，这些陶瓷器至少有两个显著特征：其一，均为中越两国的典型外销瓷；其二，均能在洲尾遗址找到相似对应物。潭蓬运河河道中的这些遗存，一方面反映了彼时这些货物通过运河往来，证明了洲尾贸易场与越南之间的航线途经潭蓬运河；另一方面体现了潭蓬运河的商贸用途，进一步印证其与洲尾贸易场等在海外贸易方面的关联性。更为重要的是，中越不同时代贸易瓷器在潭蓬运河的“会合”，证实了洲尾与越南之间商贸航线的存在。

潭蓬运河出土瓷器（左上、左下、右上）与越南朱豆窑约于 15 世纪烧制的产品（右下，图片来源：越南社会科学翰林院京城研究所编写出版的《越南古京城》）

（四）洲尾经防城江至十万大山及周边地区往返线

在古代，包括十万大山及周边地区在内的广西内陆地区多食用海盐，其中很大部分为北部湾所产。以防城港市下辖的地处十万大山北麓的上思县为例，据清代《上思州志》记载，“上思向食廉盐，道近、价轻、民称便也”[①]，这里的“廉盐”即钦州、北海、防城港地区所产的海盐，“向食”则表现了上思人民吃海盐的悠久历史。北部湾海盐运抵上思的运输线路，从文献记载的角度来看，较有可能是隋代大将刘方讨伐林邑时沿马援故道重开的钦州经上思入越南的陆路通道，这条被称作“刘方道”的行军线路至唐代有了进一步发展，“贞观十二年，清平公李弘节遣钦州首领宁师京，寻刘方故道，行达交趾，开拓夷獠，置瀼州”[②]，修复了钦州经瀼州（今上思县）到越南的道路，这使得北部湾海盐具备了从钦州运抵上思的交通条件。然而，该线路为陆路，不便于粗重货物的运输。

比较而言，防城港境内溯防城江而上至扶隆，再转陆路翻越十万大山至上思的线路更为便捷和优越。从理论上讲，此条线路虽只有半程水路，但比全程陆路运输更为便利和低成本，且线路更直、行程更短。此外，防城江入海口距离洲尾贸易场仅有数公里之距，邻近商品贸易场地，这解决了货物来源问题。从遗迹来看，目前有许多证据指向该条贸易线路的存在：其一，宋代在防城江入海口附近设置有咄步寨；其二，近年防城港市博物馆在对防城江的大菉镇、扶隆镇等河段及周边地区进行考古调查时，发现了多处古代码头、渡口、庙宇、商道等遗迹；其三，防城江流经的大菉镇六茂至甲江段河道（岸）出土出水的陶瓷器较为丰富，涉及时代从南朝至清代民国时期，其中唐代两广青瓷碗、罐与洲尾遗址的常见出土器物相似，且占据出土物品比例较大，说明了洲尾贸易场商品的辐射，以及此条水路商贸航线至迟于唐代就已形成；其四，防城江上游的扶隆镇有穿越十万大山至上思的古商道遗址。通过走访调查得知，在清代、民国时期，这是一条商旅挑夫往来频繁的热闹商道，商人们从防城贩运海盐、咸鱼等海产品至上思，又从上思贩运大米、山货到防城，“在民国时期此条商道每年农历九月份最为繁忙，此时每天来往商旅挑夫不低于 1000 人”[③]。《防城县志》也有相关记载：“中华人民共和国成立前……由于防城县的盐田比较分散，尽管当时盐政管理甚严，建立有庞大的武装盐警队，设立重重查缉关卡，但穷苦的盐民为了生活，铤

---

① 戴梦熊修、唐炅绪纂：《上思州志》，广西人民出版社，2016，第 181 页。
② 刘昫等撰：《旧唐书》卷四十一，中华书局，1975，第 1748 页。
③ 何守强：《潭蓬运河研究》，漓江出版社，2019，第 140 页。

而走险偷运私盐到上思等山地一带出售。”①古商道由此也被称为“古盐道”。直至20 世纪 60 年代，这条商道仍被运用。虽目前难以确定这条古商道的起始时间，但上文载有“上思向食廉盐”的《上思州志》成书于康熙年间，说明在清代以前海盐已输入十万大山的上思等地。这与此前提到的至迟始于唐代的防城江水路商贸线可能在时间、空间上实现衔接，形成防城港沿海地区通往十万大山及周边地区的水陆一体的便捷商贸线路。

因此，笔者认为，要从北部湾沿海运输海盐至上思等十万大山内陆地区，由防城江水路转十万大山陆路商道是更为便捷的商贸线。最新考古调查资料显示，此条商贸线上的交易商品除海盐外，至少还有陶瓷器及大米、山货等。这条商贸线路的存在，说明了唐宋时期北部湾沿海口岸迅速兴起的同时，周边内陆地区的经济社会也得到了快步发展，陆海之间互通有无的贸易不断加大。

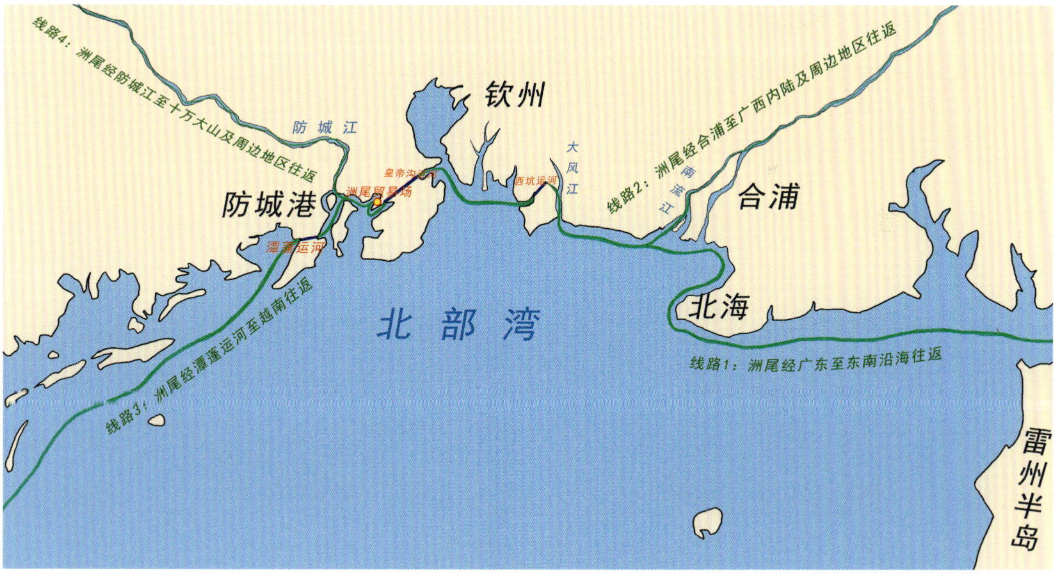

洲尾贸易场贸易线路示意图

① 防城县志编纂委员会：《防城县志》，广西民族出版社，1993，第 279 页。

防城江六茂段河道出土的部分瓷器

防城江六茂段河道出土的六系罐

防城江六茂段河道出土的碇石

防城江大菉镇刻立于乾隆十九年（1754 年）的“同仁渡”碑

防城江六茂段河道出土的洲尾遗址常见的刮釉泥片垫烧青瓷碗

防城江甲江段河道出土的青瓷碗残片

防城江甲江段河道出土的青瓷碗

穿越十万大山的古商道遗迹

第三节 洲尾贸易场的性质问题

随着南诏入侵及安南动荡，原为唐王朝主要对外贸易港口的交州港逐步衰落，与此同时，广西北部湾沿海口岸逐渐兴起，特别是在宋代，安南独立之后，取代交州港成为中国南方重要的对外贸易地区。在此过程中形成和发展起来的洲尾贸易场，有着跨国和跨区域的双重性质。

一、跨国性

宋代，安南独立之后，洲尾贸易场所在的防城港地区开始由“内郡”变为“边疆”，这一变化使得防城港成为中越往来的前沿地区。为了发展海外贸易，“宋朝先后在广州、泉州、青州、明州等重要港口设置了市舶司，这是对沿海口岸海外贸易管理的专门机构，但宋代广西口岸并未设置市舶司，而是代以边疆地区普遍设置的与少数民族互市交易的管理机构——博易场”[①]，然而，由于种种原因，宋王朝一方面积极鼓励和大力推进面向海外诸国的海上贸易，另一方面“北宋以后，交趾独立，交州不再充当中国贸易港的角色，宋廷亦将交趾排斥于市舶贸易体制之外。交趾与宋朝的官方贸易只能在广西沿边沿海的钦州、横山寨、永平寨博易场等几处进行，且民间贸易基本也局限于环北部湾沿海地区”[②]。因此，包括洲尾贸易场在内的北部湾沿海互市贸易点成为越南与宋王朝开展贸易的主要渠道。当然，这些贸易场对于越南等外商实施了免税等优惠政策，于是广西沿海沿边地区的各类贸易场便吸引和集中了大量包括越南商人在内的外商，这些互市点便具备了跨国贸易性质。这从《岭外代答》中关于越南香料的介绍、越南商人与中国商人在贸易场之中议价的记录中可见一斑。同时，洲尾遗址出土的大量越南陶瓷器、越南仿中国年号钱币等物品正是这种跨国性质的体现与证明。

二、跨区域性

由合浦与东南亚之间航线上的船舶休整、补给点发展而成的洲尾贸易场，其形成

① 陆韧、苏月秋：《宋代海上丝绸之路广西口岸发展与西南地区的交通贸易》，《长安大学学报（社会科学版）》2016 年第 18 卷第 2 期，第 144 页。
② 霍巍、韦莉果：《11 ~ 14 世纪的越南仿耀州窑系青瓷及相关问题研究》，《江汉考古》2019 年第 5 期，第 107 页。

防城江甲江段河道出土的青瓷碗残片

防城江甲江段河道出土的青瓷碗

穿越十万大山的古商道遗迹

洲尾遗址出土的部分浙江龙泉窑瓷器残片

洲尾遗址出土的福建遇林亭窑黑釉金彩盏

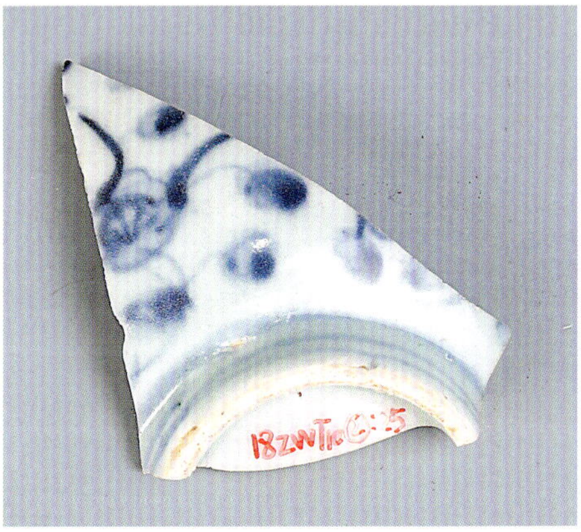

洲尾遗址出土的江西景德镇青花瓷残片

后记

洲尾遗址的真正发现与初步认识应源于2016年防城港市博物馆对该遗址的首次考古调查，该次调查是为实施国家文物局水下文化遗产保护中心委托的防城港沿海岸线调查任务。而初次调查便采集了丰富的文物标本，引起了上级的高度重视。2017年及以后，广西文物保护与考古研究所多次派出韦革、谢广维等领导和专家对洲尾遗址的考古调查进行业务指导；2018年防城港市政府划拨专项经费；2019—2020年，自治区文旅厅连续两年划拨专项经费用于该项目的调查、试掘与研究工作。在上级项目经费的支持和专业技术指导下，防城港市博物馆陆续推进并完成了洲尾遗址及周边关联区域的考古调查，采集了数以万计的文物标本。在此过程中，该遗址也逐步受到文博同行及学界的关注，国家文物局水下文化遗产保护中心和浙江、福建、广东、广西、海南等多省区文博专家，北京大学、复旦大学等国内高校学者相继到访，对于洲尾遗址调查试掘工作在我国古代海上丝绸之路研究中的价值、地位给予充分肯定和高度评价，并表达了对于相关研究成果的期待。与此同时，近年来自治区党委、政府对于广西参与全国海上丝绸之路申报世遗工作给予高度重视，要求加强以理论研究为代表的相关前期工作。包括洲尾遗址在内的广西海上丝绸之路相关研究迎来了重大机遇。

面对洲尾遗址出土的丰富文物标本和尚处一片空白的研究领域，笔者原计划牵头以团队形式推进研究的开展。然而，团队中承担田野调查任务的几位中坚力量先后调离防城港，无奈之下，笔者只好勉力承担，开展研究并形成了这本图书。从研究标本的选择，到单件文物的描述，再到综合分析，用时9个月有余。因非科班出身，面对文物断代、特征描述等专业性极强的工作时，困难纷至沓来，可谓举步维艰。而每遇困难，笔者除买书、看书、查资料进行自学以外，很幸运地得到了区内外文博行业众多前辈专家、同辈师友的全力指导与帮助——专家们或拨冗实地指教，或远程解答疑惑，确保了研究向前推进。因此，虽说本书由笔者独立撰写，但如果没有上级的项目支持，没有专家的业务指导，没有防城港市博物馆的团队付出，就没有研究的基础和保障，本书也不可能出现。

饮水思源，受助鸣谢：国家文物局考古研究中心、广西壮族自治区文化和旅游厅、广西壮族自治区文物局、防城港市人民政府等上级部门从立项和经费上对洲尾遗址的保护与研究工作给予大力支持；广西文物保护与考古研究所在项目策划、实施过程中都给予精心指导和无私帮助；上级主管部门防城港市文化广电体育和旅游局高度重视和鼎力支持相关工作的开展。现已调离防城港市博物馆的陈云云、张玉林、李澄三位同志参与了2016—2018年的调查工作；吴付平、刘雄道两位同志先后主导了不同阶段的野外调查任务，罗宁、翁得智、唐上富、许琨、许明星、禤华、陈冠中、黄海怡、叶兴祥等同志参与了部分野外调查工作；李澄、王洋、黄海怡、韦斯焱等同志为本书的标本信息采集、照片整理做了大量工作；郑艳同志承担了洲尾遗址及周边遗址分布图、洲尾贸易场贸易线路示意图等的绘图工作。同时，在洲尾遗址调查阶段，我们得到了防城港市港口区文化广电体育和旅游局及公车镇（王府街道办）、光坡镇文化站等基层文化单位文化工作者的大力支持；钦州市博物馆提供了西坑运河最新调查资料；张进兰老师帮助绘制了本书文物线图；等等。此外，在本书的出版过程中，漓江出版社亦是襄助良多。值此付梓之际，一并谨致谢忱！

由于水平有限，仓促成书，必有不少错误、纰漏，恳请读者批评指正！

何守强

2021年1月1日

图书在版编目（CIP）数据

洲尾贸易场：汉代以后北部湾海上丝绸之路变迁与延续的历史见证 / 何守强著. -- 桂林：漓江出版社，2021.7

ISBN 978-7-5407-9109-4

Ⅰ. ①洲… Ⅱ. ①何… Ⅲ. ①北部湾—海上运输—丝绸之路—贸易史 Ⅳ. ①F752.867

中国版本图书馆CIP数据核字（2021）第134989号

洲尾贸易场：汉代以后北部湾海上丝绸之路变迁与延续的历史见证

作　　者　何守强

出 版 人　刘迪才
责任编辑　黄　圆
助理编辑　宁梦耘
特约编辑　鲍　刚
整体设计　梁颢蓝
责任校对　苏子新
责任监印　杨　东

出版发行　漓江出版社有限公司
社　　址　广西桂林市南环路22号
邮　　编　541002
发行电话　010-65699511　0773-2583322
传　　真　010-85891290　0773-2582200
邮购热线　0773-2582200
网　　址　www.lijiangbooks.com

印　　制　广西昭泰子隆彩印有限责任公司
开　　本　787 mm×1092 mm　1/16
印　　张　16.25
字　　数　20千字
版　　次　2021年7月第1版
印　　次　2021年7月第1次印刷
书　　号　ISBN 978-7-5407-9109-4
定　　价　80.00元